LES MISÈRES
DE LONDRES

I

LA NOURRISSEUSE D'ENFANTS

POISSY. — TYP. ET STÉR. DE A. BOURET.

LES MISÈRES
DE LONDRES

PAR

PONSON DU TERRAIL

I

LA NOURRISSEUSE D'ENFANTS

PARIS

E. DENTU, ÉDITEUR

LIBRAIRE DE LA SOCIÉTÉ DES GENS DE LETTRES

PALAIS-ROYAL, 17 ET 19, GALERIE D'ORLÉANS

1868

Tous droits réservés

LES MISÈRES DE LONDRES

PROLOGUE

LA NOURRISSEUSE D'ENFANTS

I

Le panache noir du *Penny-Boat* s'allongeait dans le brouillard rougeâtre qui pesait sur la Tamise et qu'un pâle rayon de soleil couchant brisait.

Le *Penny-Boat* est un petit bateau à vapeur dont le prix de passage, — son nom l'indique, — est d'un penny, deux sous en monnaie française.

Cinquante navires de ce genre sillonnent en tous sens et à toute heure ce fleuve immense qu'on appelle la Tamise, et dans les flots ternes duquel Londres, la ville colossale, plonge ses pieds boueux.

Comme toujours, le *Penny-Boat* regorgeait de passagers, les gentlemen et les ladys à l'arrière, les *roughs*, c'est-à-dire le peuple, à l'avant.

Sur cette partie du navire, hommes et femmes considéraient, les uns avec curiosité, d'autres avec compassion, quelques-uns avec convoitise, une femme de vingt-quatre à vingt-cinq ans qui tenait un enfant d'une dizaine d'années par la main. Pauvre était leur acoutrement, plus pauvre encore leur bagage.

La femme portait un vieux chapeau, un vieux châle à carreaux, des bas bleus de grosse laine, et des souliers encore couverts de la poussière d'une longue route.

L'enfant avait le bas des jambes nu, point de chapeau sur sa tête couverte d'une belle chevelure châtain en broussaille; et sa mère lui avait enroulé autour de sa veste fripée un lambeau de plaid qui avait dû être rouge et vert, mais qui n'offrait plus que des tons jaunes et gris.

Pourquoi donc ces infortunés attiraient-ils ainsi l'attention générale, sur ce pont encombré, au milieu de cette navigation en tumulte, en dépit du sifflet des locomotives passant et repassant la Tamise, de Cannon-street à London-Bridge, et de London-Bridge à Charing-Cross?

Quelques gentlemen correctement vêtus s'étaient même joints, sur l'avant, au menu peuple qui entourait ces deux créatures, et leur étonnement, leur curiosité ne le cédaient en rien à la curiosité, à l'étonnement et même à l'admiration contenue dont la mère et l'enfant étaient l'objet.

C'est que la mère, en ses haillons, était plus belle que toutes les ladys qu'on voit le matin dans Hyde-Park ou dans les jardins de Kingsington sur un cheval de sang, c'est que jamais peintre enamouré de l'idéal n'avait rêvé une figure de chérubin plus jolie que celle de l'enfant.

La mère était blanche, avec des lèvres rouges, l'œil d'un bleu sombre et les cheveux d'ébène.

L'enfant avait un signe bizarre.

Au milieu de ses cheveux châtains et presque noirs, une touffe de cheveux rouges, mince et fine, lui descendait vers le milieu du front.

Tous deux, la mère et l'enfant, regardaient avec une stupeur inquiète cette ville immense se dressant aux deux rives du fleuve, avec ses églises sans nombre, ses gares gigantesques, ses ponts cyclopéens et ses maisons noires et enfumées.

D'où venaient-ils ? Nul ne le savait.

Ils s'étaient embarqués à Greenwich, où ils étaient arrivés à pied.

La mère avait, en soupirant, tiré de sa bourse, où se heurtaient deux ou trois schellings avec un peu de monnaie de cuivre, les quatre pence nécessaires à l'achat du ticket ou billet d'embarquement.

Puis elle s'était assise sur le pont, prenant son fils dans ses bras.

Longtemps, elle n'avait adressé la parole à personne.

Mais enfin, comme le *Penny-Boat* touchait à la station des docks de l'Inde, elle avait demandé si c'était Londres qu'elle voyait devant elle.

— Oui et non, lui avait répondu un gros homme aux cheveux rouges, un Écossais marchand de poisson, qui remontait jusqu'à London-Bridge. Cela dépend, ma petite mère. Londres est partout, et il ne finit jamais. Où allez-vous ?

La jeune femme hésita un moment.

— Je vais, dit-elle enfin, dans un quartier où se trouve une église qu'on appelle Saint-Gilles, et dans une rue qu'on appelle *Lawrence-street*.

— Bon, dit l'Écossais, je connais ça. Saint-Gilles, c'est une église catholique.

— Oui.

— Vous êtes Irlandaise?

— Oui, dit encore la jeune femme.

Le marchand de poisson était un brave homme assez bavard; une jolie femme ne lui déplaisait pas, et quand il entrait dans un public-house, bien qu'il eût des prétentions à être gentleman, au lieu d'aller boire sur le comptoir du box des gens bien mis, il allait fumer une pipe au parloir où il pouvait s'asseoir et causer tout à son aise.

— Vous avez un bout de chemin à faire, ma petite mère, dit-il. Vous descendrez à la station de Charing-Cross; vous trouverez le Strand, puis vous monterez toujours droit devant vous; c'est une vilaine rue que Lawrence-street, et une pauvre église que Saint-Gilles, mais il y a de belles rues pour vous y conduire. Et quand vous aurez traversé Piccadilly, vous n'en serez pas loin. Est-ce que vous allez chez des parents?

— Non, je ne connais personne à Londres, mais on m'a dit que dans Lawrence-street, poursuivit la femme, il y avait un Irlandais du nom de Patrick qui me logerait, moi et mon enfant.

— Tous les Irlandais s'appellent Patrick, ma

petite mère, dit le marchand de poisson, et si v[ous]
n'avez d'autres renseignements, vous courez gra[nd]
risque de coucher à la belle étoile.

L'Irlandaise leva les yeux au ciel d'un air [ré]signé.

— Dieu est bon, dit-elle, il ne nous abando[n]nera pas.

Le gros Écossais reprit :

— Vous venez à Londres pour travaille[r]
n'est-ce pas?

— Je ne sais, dit-elle.

Cette réponse était au moins étrange, si on pr[e]nait garde aux vêtements de la jeune femme.

— A Londres, reprit l'Écossais, il n'y a que l[es]
lords qui ne travaillent pas.

— J'ai une mission, dit l'Irlandaise. C'est d[e]main le 27 octobre, n'est-ce pas?

— Oui, certes.

— Demain, à huit heures, il faut que je sois [à]
l'église de Saint-Gilles, auprès de l'autel, et que [je]
présente mon fils au prêtre qui célébrera la mess[e.]

— Pourquoi donc ça? demanda naïvement l'É[-]
cossais.

— Son père mourant me l'a commandé.

Comme l'Irlandaise faisait cette réponse no[n]
moins mystérieuse, sans s'apercevoir qu'on av[ait]

fait cercle autour d'elle, de son enfant et du marchand de poisson, et que parmi les gens qui l'entouraient se trouvaient un gentleman et une femme qui la regardaient avec une sorte d'avidité, le *Penny-Boat* toucha la station de London-Bridge.

— Ma petite mère, dit alors l'Écossais, ma femme est une brave femme, et si vous voulez venir chez nous, nous vous donnerons une bonne tasse de thé, des sandwich et une tranche de saumon fumé à vous et à votre enfant. Puis vous coucherez chez nous, et, demain, vous aurez tout le temps de vous rendre à Saint-Gilles.

L'Écossais faisait son offre de bon cœur, et son visage rougeaud était plein de loyauté.

L'Irlandaise hésita un moment et regarda son pauvre enfant accablé de fatigue.

— Non, non, dit-elle enfin, merci mille fois, il faut que j'aille là où j'ai ordre d'aller.

— Adieu donc, dit l'Écossais, et Dieu vous garde!

Et il sauta sur le ponton qui servait au débarquement.

Le *Penny-Boat* reprit sa course; il passa devant la station de Cannon-street, puis sous le pont des Moines-Noirs, le *Blak-friards*, comme disent les

Anglais, toucha à Temple-Bar une minute, puis s'élança de nouveau vers le sud-ouest.

Alors le brouillard se déchira sous l'effort d'un rayon de soleil et la mère et l'enfant se prirent à contempler le spectacle grandiose qu'ils avaient sous les yeux.

A droite le palais de Sommerset, à gauche les noires maisons du Southwark, devant eux le pont de Waterloo, et plus loin encore celui de Westminster, et, à demi-estompés par le brouillard, la vieille abbaye et le parlement plongeant ses assises dans les flots, et tout à fait perdu dans la brume, sur la rive droite de la Tamise, Lambeth-Palace, la somptueuse demeure des archevêques de Cantorbéry.

C'était le Londres opulent, le Londres des palais, la ville des maîtres du monde, qui apparaissait tout à coup aux yeux éblouis de ces modestes voyageurs.

Et cependant l'enfant, le pauvre Irlandais en guenilles, glissa alors des bras de sa mère, se dressa à l'avant et promena sur cette ville immense un fier regard.

On eût dit un jeune aiglon au bord de son aire contemplant avec sérénité les vastes plaines de l'air dont il est désormais le roi.

Et le gentleman, qui n'avait jamais perdu de vue la mère et l'enfant, surprit ce regard et tressaillit.

— Oh! murmura-t-il, on dirait l'œil de flamme de sir Edmond!

En même temps la femme qui, elle aussi, les avait regardés avec une curiosité étrange, se glissa comme un reptile auprès de l'Irlandaise.

II

La femme qui s'était glissée auprès de l'Irlandaise avait une de ces physionomies qui, pour nous servir d'une expression populaire, *font froid dans le dos*.

Ce n'était pas une mendiante, pourtant.

Elle avait une belle robe à ramage, un châle vert et rouge, un chapeau à rubans violets, des souliers cirés à l'œuf, avec des bas tricotés à l'aiguille, un sac de velours au poignet gauche, un parapluie vert à la main droite, et les doigts couverts de bagues ornées de pierres grossières et multicolores.

Cet ensemble de mauvais goût anglais n'était

que grotesque et prêtait à rire tant qu'on n'envisageait pas attentivement cette créature.

Les yeux d'un bleu incolore avaient un froid rayonnement.

Les lèvres minces qui recouvraient de longues dents jaunes à moitié déchaussées, avaient une expression de méchanceté doucereuse ; le visage empourpré et bouffi quelque chose de bestial qui rappelait la tête de certains animaux carnassiers.

Elle s'approcha de l'Irlandaise, et celle-ci s'écarta sur le banc où elle était assise, moins pour lui faire place que pour se soustraire à son contact.

— Ma chère, lui dit cette femme, se servant d'une appellation commune au peuple de Londres, aussi vrai que je m'appelle mistress Fanoche, que je suis presque de qualité et que j'ai quelque droit au titre de dame; aussi vrai que je tiens une maison d'éducation pour les enfants des deux sexes, dans Dudley-street, auprès d'Oxford, à deux pas de saint-Gilles; aussi vrai que je suis catholique comme vous, vous avez le plus bel enfant que j'aie jamais vu!

— Vous êtes catholique ? s'écria l'Irlandaise.

— Oui, ma chère.

— Irlandaise, peut-être ?...

Et la jeune femme, qui d'abord avait éprouvé

un sentiment de répulsion, obéit en ce moment à ce besoin impérieux qu'ont les exilés de retrouver sur la terre étrangère quelque chose ou quelqu'un qui leur parle de leur patrie.

— Je ne suis pas Irlandaise de naissance, répondit mistress Fanoche, mais simplement d'origine. Mon grand-père était Irlandais. Nous sommes restés catholiques, j'ai même beaucoup souffert, car feu master Fanoche, mon époux, que Dieu lui pardonne! m'a rendue bien malheureuse, à propos de ma religion.

Sur ces mots, mistress Fanoche passa ses mains couvertes de bagues sur ses yeux, essuyant une larme absente.

— Et vous allez à Saint-Gilles? reprit-elle.
— Oui, madame.
— Chez des Irlandais?
— Oui, madame. Chez un nommé Patrick.
— Dans Lawrence-street?
— Précisément.

Tandis que l'Irlandaise parlait ainsi, elle n'avait point remarqué une femme grande, sèche, non moins ridiculement accoutrée que mistress Fanoche, qui s'était approchée peu à peu et avec qui la prétendue maîtresse de pension avait échangé un furtif regard.

La grande femme sèche tira de sa poche un carnet et un crayon et tandis que mistress Fanoche continuait à absorber l'attention de l'Irlandaise, elle écrivit à la hâte les mots de Saint-Gilles, de Patrick et de Lawrence-street.

— Oui, ma chère, répondit mistress Fanoche, vous avez là un enfant charmant.

La mère rougit d'orgueil.

— Est-ce que vous ne le mettrez pas en pension?

Un sourire triste vint aux lèvres de l'Irlandaise.

— Je ne sais pas, dit-elle. Nous sommes pauvres aujourd'hui, peut-être le serons-nous longtemps encore.

— Il est si gentil, poursuivit mistress Fanoche, que je le prendrais volontiers pour rien, pour l'amour de Dieu et de notre chère Irlande, ajouta-t-elle avec un enthousiasme hypocrite.

En ce moment, l'enfant rassasié sans doute du spectacle qu'il avait contemplé pendant quelques minutes, se retourna et s'approcha de sa mère.

Comme elle, il éprouva à la vue de mistress Fanoche un sentiment de répulsion, mais plus vif encore, plus accentué.

Et il dit avec une sorte d'efffoi:

— Mère, quelle est cette femme?

— Une lady qui va te donner un gâteau, mon mignon, répliqua mistress Fanoche.

Et elle ouvrit un sac de velours vert et en retira une petite galette à l'anis qu'elle tendit à l'enfant.

Peut-être celui-ci avait-il bien faim ; mais il refusa avec une dignité qu'on n'eût point soupçonnée chez un enfant de son âge.

— Merci ! dit-il, je n'ai pas faim, madame.

Et, obéissant toujours à cette aversion instinctive, il se prit à regarder les ponts, les églises, et à suivre, dans le brouillard qui s'épaississait, la fumée noire du *Penny-Boat* qui se couchait en s'allongeant.

— Ma chère, dit encore mistress Fanoche, vous serez bien mal logée dans Lawrence-street. Je connais ce Patrick dont vous parlez. C'est un pauvre homme, cordonnier de son état et qui a bien du mal à vivre. Peut-être n'a-t-il pas de pain chez lui.

— Il en achètera, dit l'Irlandaise, car j'ai encore un peu d'argent.

— Je vous l'ai dit, poursuivit mistress Fanoche, qui ne se décourageait pas, je demeure dans Dudley-street ; c'est à deux pas de Saint-Gilles. Vous y pourrez aller demain aussi matin que vous voudrez. Venez chez moi. Je vous donnerai à souper et un bon lit pour l'amour de notre chère Irlande.

La jeune femme regarda de nouveau son enfant.

Elle l'avait regardé ainsi quand l'Écossais marchand de poisson lui avait pareillement offert l'hospitalité.

Mais, cette fois, l'enfant se chargea de la réponse.

Il revint auprès de sa mère, se serra contre elle, comme un petit oiseau se presse contre la sienne à l'approche de l'orage qui gronde au lointain, et il lui dit avec un sentiment de morgue et d'indéfinissable épouvante :

— N'y allons pas, mère, n'y allons pas!

— Comme vous voudrez, dit naïvement mistress Fanoche, qui échangea un nouveau regard furtif avec sa longue et maigre compagne, en même temps qu'elle s'éloignait sans affectation de l'Irlandaise.

L'enfant avait pris dans ses petites mains la main de sa mère et il la portait à ses lèvres avec une effusion naïve.

On eût dit qu'ils venaient tous les deux d'échapper à un grand et mystérieux danger.

A dix pas de là, pendant ce temps, le gentleman qui les avait regardés avec tant de persistance échangeait maintenant quelques mots à voix basse avec un compagnon de voyage.

Ce gentleman avait la mise correcte d'un homme de haute vie, et on ne l'avait pas vu, sans quelque surprise, passer de l'arrière à l'avant et se mêler au menu peuple qui entourait l'Irlandaise.

Cette surprise ne pouvait que s'accroître à présent, si on prenait garde à l'interlocuteur qu'il venait de choisir.

Ce dernier était un homme de quarante-cinq ans environ, résumant dans sa personne la misère de Londres, en ce qu'elle a de plus hideux.

Il portait un pantalon déchiré aux deux genoux, et ses pieds posaient dans de vieilles bottes crevées et sans talon.

Un lambeau d'habit noir, qui n'avait plus qu'un pan, était boutonné jusqu'au menton, dissimulant l'absence de la chemise et de la cravate.

Sa tête était coiffée d'un vieux chapeau gris sans bords.

Avec cela, cet homme se tenait droit, la tête en arrière, avec une grande dignité, et il écoutait gravement le gentleman qui lui disait :

— Je me nomme lord Palmure, je demeure dans Chester-street, Belgrave square, et si tu écoutes bien ce que je vais te dire, tu peux gagner une banknote de dix livres.

— Dix livres, votre Honneur! fit le mendiant stupéfait. Par saint Georges, et aussi vrai que je me nomme Barclay, dit Shoking, je ne me puis figurer que vous parliez sérieusement.

— Très-sérieusement, mon garçon.

— Alors, expliquez-vous, je vous écoute.

— Tu vois cette femme et cet enfant?

— Oui.

— Il s'agit de les suivre.

— Bon!

— Jusqu'à ce qu'ils soient descendus en une maison pour y passer la nuit.

— Fort bien.

— Alors, tu viendras me le dire, et les dix livres t'appartiendront.

— Votre Honneur, je crois que je deviens fou ! dit le mendiant joyeux. Aussi vous pouvez compter sur moi.

Mistress Fanoche, pendant ce temps, s'était rapprochée de sa mystérieuse compagne et disait :

— Tu sais bien que miss Émily va nous réclamer son fils, et tu sais aussi que son fils est mort. Est-ce que nous pouvions savoir que les choses tourneraient ainsi ? Il nous faut donc un enfant, il nous le faut.

— Mais... la mère ?...

— La mère !... on s'en débarrassera... Wilton me rendra bien ce service.

Comme mistress Fanoche parlait ainsi, le *Penny-Boat* toucha la station de Charring-Cross, les voyageurs passèrent sur le ponton, puis s'engouffrèrent dans ce chemin en planches, tout bariolé d'affiches multicolores, qui longe les bâtiments du chemin de fer, et, tout à coup, la pauvre Irlandaise et son enfant se trouvèrent perdus au milieu de la foule immense et des splendeurs commerçantes du Strand, dont les mille réverbères commençaient à s'allumer dans le brouillard qui montait lentement des bords de la Tamise.

III

La mère et l'enfant furent un moment étourdis.

Sur les larges trottoirs les passants se croisaient, se heurtaient, marchaient à la file et se croisaient encore.

On eût dit une fourmilière immense.

Sur la chaussée, les cabs et les honsons passaient rapides comme l'éclair, se rencontrant avec les omnibus.

C'était un tohu-bohu, un vacarme indescriptible.

Un sentiment de terreur s'empara de la pauvre Irlandaise. Elle se trouva seule et perdue au milieu de tout ce monde et elle se repentit de n'avoir pas accepté les offres obligeantes du marchand de poisson et de mistress Fanoche.

L'enfant se serrait toujours contre elle et paraissait, lui aussi, dominé par un même sentiment d'épouvante.

Cependant, il lui dit :

— Mère, marchons. Ne restons pas là...

L'Écossais lui avait bien enseigné son chemin, mais elle ne s'en souvenait plus.

Elle aborda un passant, et lui dit :

— Indiquez-moi, je vous prie, Lawrence-street.

Le passant, qui s'était arrêté complaisamment, parut chercher dans son souvenir :

— Je ne connais pas ça, dit-il enfin.

L'Irlandaise le salua, et continua à marcher.

Au lieu de remonter le Strand dans la direction de la Cité, elle descendit au contraire vers l'ouest, passant devant la gare de Charing-Cross.

Elle arriva ainsi sur la place Trafalgar et entra dans Pall-Mal.

Dans Pall-Mal on n'a jamais entendu parler de Lawrence-street.

Il n'y a que le peuple qui connaisse cette rue.

L'Irlandaise demanda plusieurs fois son chemin et toujours inutilement.

Elle parla de Saint-Gilles à un vieux monsieur.

Le vieux monsieur lui répondit par le mot de So-ho square et s'en alla.

La pauvre mère revint sur ses pas. Elle remonta Hay-Markett, entra dans un public-house et renouvela sa question.

Mais comme on allait lui répondre, un homme se trouva derrière elle et demanda un verre de brandy.

L'Irlandaise le regarda, tressaillit, et son visage s'éclaira d'un rayon de joie.

Elle avait reconnu en lui un des hommes qui étaient sur le *Penny-Boat* ; et maintenant cet homme était pour elle presque une connaissance.

C'était Barclay, dit Shoking, l'homme à qui lord Palmure avait donné la mission de suivre l'Irlandaise et qui ne l'ayant point perdue de vue un seul instant, s'offrait tout à coup et comme par hasard à ses yeux.

— Vous demandez votre chemin, ma chère? lui dit-il.

— Oui, dit l'Irlandaise, et personne ne peut me dire où est Lawrence-street.

— C'est que les belles gens d'Hay-Markett ne connaissent pas ça, dit Shoking.

Il n'y a que le pauvre monde comme nous qui le sache.

C'est bien vous qui étiez sur le *Penny-Boat?*

— Oui, dit l'Irlandaise, et vous aussi?

Shoking avala un verre de brandy d'un trait, donna un half-penny, et dit encore à l'Irlandaise :

— Il faut que les pauvres gens s'entr'aident, ma chère. Je ne vais pas vous indiquer votre chemin, moi, je vais vous conduire.

Et il lui prit familièrement le bras, et ils sortirent du public-house.

L'enfant, qui d'abord avait regardé cet homme avec défiance, se laissa prendre par la main.

Shoking, malgré ses haillons sordides, avait quelque chose d'honnête et de solennel qui prévenait en sa faveur.

On eût dit qu'il considérait sa misère comme un sacerdoce.

Lord Palmure lui avait enjoint de suivre l'Irlandaise, lui promettant, pour cette besogne, la somme fabuleuse de dix livres.

Shoking s'était dit qu'il pouvait satisfaire à la fois son bon cœur et le désir du noble lord.

Or, son bon cœur lui parlait en faveur de cette pauvre femme, perdue en l'immensité de Londres, et lui commandait de lui venir en aide.

Pourquoi lord Palmure tenait-il à savoir où l'Irlandaise s'arrêterait ?

La beauté de la pauvre femme se chargeait de répondre à cette question, que s'était naïvement adressée Shoking.

— Ça la regarde, s'était-il dit. En attendant, il n'y a pas de mal à ce que je la mette dans son chemin.

Il lui fit donc remonter Hay-Markett, tourna dans Piccadilly, traversa Leicester-square, gagna Newport-street, remonta par Dudley jusqu'à la place des Sept-Quadrants et enfin, après avoir passé devant la pauvre église de Saint-Gilles, entra dans Lawrence-street.

Certes, ils avaient raison tous ceux qui avaient prétendu que c'était une pauvre rue privée d'air et de lumière.

Elle décrivait une courbe, était bordée d'affreuses bicoques, pavée d'immondices et remplie d'une population grouillante d'enfants demi-nus et de femmes en haillons.

La plupart des maisons n'avaient pas de portes et on y pénétrait par une échelle dressée contre la croisée.

Lawrence-street est le quartier général des Irlandais marchands de verdure.

Les femmes demeurent au logis avec leurs enfants ; les hommes ne rentrent que le soir, poussant devant eux leur charrette vide.

Quand Shoking, la jeune femme et l'enfant arrivèrent, il n'y avait pas un homme dans la rue.

Shoking s'adressa à une jeune fille de quatorze ou quinze ans qui, assise sur une borne tenait un marmot sur ses genoux et jouait avec lui :

— Connais-tu Patrick ? lui dit-il.

— Quel Patrick ? demanda-t-elle. Il y en a plusieurs chez nous. Duquel voulez-vous parler ?

Un souvenir traversa le cerveau de l'Irlandaise. Elle se rappela que l'homme dont on lui avait parlé dans son pays avait deux noms : Patrick Drury.

— Drury ! fit la jeune fille, il n'est pas ici... Ah !... il ne viendra pas, ma chère... vous ne le verrez pas... si vous voulez parler à sa femme... c'est là...

Et elle montrait une sorte d'antre, de trou pratiqué au-dessous du sol, sur le côté gauche de la rue, et dans lequel on pénétrait par un escalier de quatre ou cinq marches.

L'Irlandaise frissonna; mais Shoking s'approcha du trou qui avait été une échoppe de cordonnier, sans doute, et il cria :

— Hé ! mistress Patrick, venez donc, ma chère ! voici des gens de votre pays qui vous arrivent.
A ces paroles répondit une sorte de grognement; puis quelque chose s'agita dans l'obscurité et une créature humaine s'avança vers le bord du trou.

C'était une femme encore jeune, mais dans un état de maigreur effrayant. Ses longs cheveux noirs pendaient, emmêlés, sur ses épaules un lambeau d'étoffe enroulé autour de ses reins, composait son unique vêtement, et elle tenait suspendu à ses mamelles apprauvries, un enfant de sept ou huit mois.

Elle promena autour d'elle un regard égaré et dit d'une voix où perçait la folie :

— Que me voulez-vous ? qui parle de Patrick ? Il n'est pas ici... les policemen l'ont emmené... ils l'ont mis en prison... il ne reviendra pas...

Shoking se tourna vers l'Irlandaise :

— Je crois, ma chère, qu'il vous faut renoncer à passer la nuit ici, dit-il.

— Où aller? murmura la pauvre mère en regardant son enfant.

— Je ne sais pas, dit naïvement Shoking. Avez-vous de l'argent?

— Il me reste trois shillings et six pence, dit-elle.

— Venez dans Dudley-street d'où nous sortons, dit Shoking; il y a là un boarding tenu par de braves gens qui, pour un shilling, vous donneront un lit pour vous et votre enfant, et du pain et du jambon.

La femme de Patrick Drury avait regagné son trou s'était recouchée sur un amas de paille fétide.

Shoking entraîna l'Irlandaise et son fils.

— Mère, disait ce dernier, ne sommes-nous pas bientôt arrivés? j'ai bien faim... et je suis bien las.

— Veux-tu que je te porte? dit le mendiant.

Et il prit l'enfant dans ses bras.

Ils revinrent dans Dudley-street.

Tout à coup l'Irlandaise se sentit frapper sur l'épaule.

Elle se retourna et demeura interdite en se

voyant en face de cette même mistress Fanoche qu'elle avait rencontrée sur le bateau.

— Eh bien! ma chère, lui dit mistress Fanoche, je vous le disais bien que vous ne trouveriez pas à vous loger dans Lawrence-street. Voyons, je suis bonne femme, et ne vous en veux pas de m'avoir refusé. Venez sans crainte chez moi.

La pauvre mère regarda son fils qui avait croisé ses petites mains sur la poitrine de Shoking.

— Venez, ma chère, répétait mistress Fanoche d'une voix mielleuse.

— Voilà une dame, murmurait en même temps Shoking, voilà une dame qui a l'air très-honnête, par saint Georges!

L'enfant avait fermé les yeux et ne disait plus rien.

— Allons, venez ma chère, répéta pour la troisième fois mistress Fanoche.

IV

L'Irlandaise céda.

L'immensité de Londres l'avait tellement épouvantée que, maintenant, elle se serait confiée au premier venu.

Elle oublia la répulsion que lui avait inspirée mistress Fanoche, elle oublia que cette répulsion avait été partagée et plus vivement encore par son fils.

Elle ne vit qu'une chose, c'est que ce dernier mourait de froid et de faim.

Mistress Fanoche la prit par le bras et fit signe à Shoking de les suivre.

Le mendiant ne se le fit point répéter.

Le trajet était court.

Vers le milieu de Dudley-street, il y avait une petite maison comme on en voit dans les beaux quartiers, avec un sous-sol par devant, un jardin par derrière, une entrée à portique supporté par quatre colonnettes, et une façade de trois croisées à guillotine par étage.

Mistress Fanoche tira de sa poche une clef et entra la première.

Le vestibule était propre, garni de boiseries toutes neuves; le sol était frotté et luisant et une corbeille de porcelaine renfermant une plante grasse pendait au plafond.

L'escalier était dans le fond.

Shoking aspira l'air bruyamment et murmura :

— Voilà qui sent meilleur que le boarding (pension) où je voulais la conduire.

L'Irlandaise, elle aussi, sentit un soulagement. Elle se souvint des blancs cottages et des jolies maisonnettes des environs de Dublin.

Mistress Fanoche poussa une seconde porte et une clarté assez vive fit place à la demi-obscurité qui régnait dans le vestibule.

L'Irlandaise se trouva au seuil d'un joli parloir où il y avait un tapis à fleurs, des meubles en noyer verni, une pendule et des vases sur la cheminée et au milieu une table autour de laquelle une vieille femme, — celle du *Penny-Boat*, et quatre petites filles de six à huit ans, prenaient leur repas.

Le bon Shoking se prit à renifler l'odeur des tartines beurrées et du rotsbeaf tout chaud qui fumait sur la table.

L'enfant, qui s'était arraché à sa somnolence, jeta sur ces aliments un regard avide et ne vit plus mistress Fanoche qui lui avait tant fait peur.

Quant à la pauvre Irlandaise, elle se mit à pleurer.

— Ma tante, dit mistress Fanoche en s'adressant à la grande femme osseuse qui avait retiré son pince-nez pour mieux voir, voici une pauvre femme et son enfant à qui j'ai offert l'hospitalité.

La grande dame osseuse adoucit sa voix, qui

était rauque d'ordinaire comme celle d'un chien de garde, et répondit :

— Bienvenus les pauvres que Dieu nous envoie !

— Vous avez une fameuse chance, ma chère, dit Shoking à l'oreille de l'Irlandaise, on vous aurait offert une place dans le paradis que ce n'eût pas été mieux.

Mistress Fanoche prit les mains de la jeune femme, qui pleurait toujours :

— Approchez-vous du poêle, ma bonne, dit-elle, chauffez-vous bien !... il fait si froid... et puis mettez-vous à table avec nous.

Et toi, mon mignon, ajouta-t-elle en caressant l'enfant, qui n'osa plus se reculer, te fais-je toujours peur ?

— Non, répondit-il en regardant les petites filles avec une sympathique curiosité.

Alors mistress Fanoche se tourna vers Shoking :

— Vous êtes un brave homme, mon cher, dit-elle. Je ne puis pas vous garder à souper, car jamais un homme n'est entré ici. Mais buvez un coup de bière et prenez cette demi-couronne.

Shoking, lui aussi, se sentait venir les larmes aux yeux.

Mais comme il était plein de dignité, il contint son émotion, accepta le coup de bière, puis la demi-couronne et murmura gravement :

— Adieu, milady, et Dieu vous garde !

Bonne nuit, ma chère, ajouta-t-il en tendant la main à l'Irlandaise. Vous êtes en bonnes mains et je puis m'en aller tranquille.

Et il sortit, saluant avec la courtoisie d'un gentleman et posant sous son bras gauche son vieux chapeau sans bords.

Seulement, une fois dans la rue, il nota dans sa mémoire le nom de mistress Fanoche et le numéro de la maison.

Puis il s'en alla en se disant :

— Voilà une journée qui finit bien. J'ai bu un coup de bière, j'ai une demi-couronne dans ma poche, j'ai assisté une pauvre femme et son enfant, et si le noble lord ne s'est pas moqué de moi, j'aurai une dizaine de livres dans une heure.

Jamais tu n'as eu pareille veine, mon cher, poursuivit-il en s'adressant à lui-même, et si cela continue, au lieu d'aller coucher à la nuit dans le workhouse mil-endzoad, tu seras quelque jour un pauvre *présenté*.

. . . .

Pendant ce temps, l'Irlandaise soupait avec

avidité, versant, de temps à autre, une larme de reconnaissance.

— Comment t'appelles-tu, madame ? lui disait une des petites filles, la plus jeune.

— Jenny, répondit-elle.

— Et ce jeune monsieur ? poursuivit l'enfant en montrant le petit Irlandais.

— Ralph, dit l'enfant.

Elle lui sauta au cou et lui dit :

— Je t'aime bien... voudras-tu jouer avec moi ?

— Oui, répondit Ralph.

La plus âgée des petites filles regardait avec tristesse la mère et l'enfant.

Mistress Fanoche surprit ce regard, et la petite fille baissa aussitôt les yeux et devint toute tremblante.

Quand l'Irlandaise Jenny et son fils eurent soupé, mistress Fanoche leur dit :

— Vous devez avoir besoin de repos : venez, je vais vous conduire à votre chambre.

Elle prit une des deux lampes qui se trouvaient sur la cheminée.

Ralph, car c'était bien le nom du petit Irlandais, se laissa gentiment embrasser par les petites filles.

Mais la dernière, la plus âgée, celle qui tout

à l'heure l'avait regardé avec tristesse, l'embrassa avec plus d'effusion que les autres et lui dit à l'oreille :

— Il ne faut pas rester ici, vois-tu... Il ne le faut pas...

— Pourquoi? demanda l'enfant.

— Parce que ces dames sont bien méchantes et qu'elles te battraient.

En ce moment, la vieille femme osseuse ramena son binocle sur le bout de son nez.

La petite fille rougit et se dégagea des bras de Ralph. Mais elle lui pressa encore la main, et le petit Irlandais sentit que cette main tremblait.

Cependant mistress Fanoche avait ouvert une porte au fond du parloir et introduit l'Irlandaise dans une jolie petite chambre où il y avait deux lits jumeaux dans une alcôve.

Tout cela était blanc, sentait bon, et avait, pour nous servir de l'expression essentiellement anglaise, un aspect confortable.

L'Irlandaise se souvint des paroles de Shoking, qui avait comparé cela au paradis.

— Ma chère, dit alors mistress Fanoche, ne m'avez-vous pas dit que vous vouliez aller demain à Saint-Gilles?

— Oui, madame.

— A quelle heure ?

— Il faut que nous soyons, mon fils et moi, pour la messe de huit heures.

— On vous éveillera à sept, ma chère : bonne nuit.

Et mistress Fanoche alluma une bougie qu'elle laissa sur la table, caressa encore une fois l'enfant et sortit.

Alors, se trouvant seule avec lui, Jenny l'Irlandaise prit son fils dans ses bras.

L'enfant avait retrouvé son front soucieux.

— Mère, dit-il, est-ce que nous allons rester ici ?

— Oui, mon enfant.

— Longtemps ?

— Jusqu'à demain.

— Bien sûr, nous nous en irons demain

— Il le faudra bien, soupira-t-elle.

— Pourquoi ne nous en allons-nous pas tout de suite ?

— Mais, mon enfant, c'est impossible...

— Oh ! dit-il.

Et il garda un moment le silence.

Puis, tandis que sa mère le déshabillait pour le mettre au lit.

— J'ai peur, dit-il bien bas.

— Pourquoi aurais-tu peur ? demanda la pauvre mère.

— La petite fille m'a dit qu'il ne fallait pas rester...

— Pourquoi donc ?

— Parce que ces femmes sont méchantes et qu'elles me battraient.

— Ne suis-je pas là pour te défendre, moi ?

— C'est vrai. Alors nous resterons... mais nous nous en irons demain, n'est-ce pas ? Tu me le promets ?

— Oui.

— Alors, bonsoir, mère.

Et l'enfant se coucha.

Quelques minutes après, il dormait d'un profond sommeil.

L'Irlandaise se mit à genoux, au pied de son lit; elle voulut prier et remercier Dieu qui ne l'avait pas abandonnée; mais soudain elle sentit une chaleur extraordinaire monter de sa poitrine à son visage.

Sa tête s'alourdit; un invincible besoin de dormir, qu'elle prit pour le résultat de la fatigue, s'empara d'elle.

Elle voulut se lever et ne le put. Elle essaya d'appeler à son aide, mais sa gorge crispée ne rendit aucun son. Tout à coup ses yeux se fermèrent sans qu'il lui fût possible de les rouvrir, et elle s'affaissa lourdement sur le tapis de laine commune qui se trouvait au pied de son lit.

Alors la porte de la chambre s'ouvrit et mistress Fanoche reparut.

Un homme à figure sinistre la suivait.

V

Quel était donc ce nouveau personnage?

C'est ce que nous allons vous dire en peu de mots.

A peine l'Irlandaise était-elle dans sa chambre que la scène avait subitement changé au parloir.

Mistress Fanoche avait fait un signe, et à ce signe, la grande dame osseuse prenant un air méchant et ramenant avec un geste de fureur ses bésicles, sur le bout de son nez crochu, avait dit d'une voix impérieuse:

— Allons, vilaine marmaille, au lit!

Les petites filles alors, toutes tremblantes, s'étaient levées de table sans mot dire et avaient suivi leur terrible maîtresse, qui les avaient conduites dans le vestibule et leur avait fait gravir l'escalier qui montait aux étages supérieurs.

Mistress Fanoche était demeurée un moment, absorbée par la lecture d'une lettre qu'elle avait tirée de sa poche et que certainement elle ne lisait pas pour la première fois, car le papier en était sali et froissé.

L'œil de cette femme brillait d'une joie infernale, et elle murmurait tout en lisant :

— C'est une fière chance tout de même qu'au lieu de revenir de Grenwich par l'omnibus, j'aie pris le *Penny-Boat*. Maintenant sir John Waterley et miss Émily peuvent venir, j'ai un fils à leur rendre. Pourvu que mon commissionnaire ait trouvé Wilton.

Elle achevait à peine qu'on frappa à la porte.

— Entrez, dit-elle.

Un homme parut.

Un homme d'aspect repoussant et presque aussi déguenillé que le bon Shoking.

Il portait une barbe épaisse et de grands cheveux.

Cheveux et barbe dissimulaient presque en entier un visage couturé de mystérieuses cicatrices, qu'éclairaient deux petits yeux pleins de férocité.

— Ah! vous voilà, Wilton? dit mistress Fanoche.

— Oui, madame.

— Vous n'êtes pas gris, au moins.

Cet homme eut un sourire amer.

— Je n'ai ni bu ni mangé depuis hier, dit-il.

— Voilà un verre de bière et une tartine; mais dépêchez-vous, dit mistress Fanoche, tandis que cet homme s'approchait avec avidité de la table encore servie, nous avons à causer sérieusement, Wilton.

— De quoi s'agit-il, milady? fit-il d'un ton ironique; avons-nous quelque petite fille à noyer ce soir?

— Non, mais il faut ressembler vos souvenirs.

— J'ai bonne mémoire, allez, dit-il, avec un accent sinistre; si bonne que la nuit quand la faim m'empêche de dormir. il me semble voir danser sur la paille qui me sert de lit toutes les petites créatures dont j'ai été le bourreau.

— C'est très-poétique ce que vous dites là, Wilton, fit mistress Fanoche en haussant les épaules; mais nous n'avons vraiment pas le temps de parler de ces choses. Il y a deux livres à gagner tout de suite, et une livre de pension par semaine pendant un an.

— Milady, répliqua Wilton d'un air farouche, et donnant cette qualification à mistress Fanoche en manière d'ironie, on a tort de représenter le diable avec des cornes. Le diable, c'est une femme, et cette femme, c'est vous.

— Soit, dit-elle. Vous laisserez-vous tenter?

— Il le faut bien, dit Wilton qui se versa un second verre d'hafnaf, c'est-à-dire de boisson mélangée par moitié. De quoi est-il question?

— Il faut d'abord faire remonter vos souvenirs à neuf ans.

— Bon!

— Vous rappelez-vous qu'il y a neuf ans, un soir, un gentleman vint ici, apportant un enfant dans son manteau?

— Il en est tant venu de gentlemen apportant des enfants! dit Wilton.

— Soit, mais celui-là vous ne pouvez l'avoir oublié.

— Son nom?

— Il s'appelait sir John Waterley, était officier dans l'armée des Indes et partait le lendemain pour Calcutta, d'où vraisemblablement il ne devait plus revenir, car il était atteint d'une maladie qu'on disait mortelle.

Cet enfant était le fils de ce gentleman et d'une

jeune fille de trop grande naissance, — miss Émily Homboury, la fille d'un pair d'Angleterre, — pour qu'il pût jamais songer à l'épouser.

Il nous apportait l'enfant avec mission d'en prendre soin, de l'élever jusqu'à l'âge de quinze ans, et de lui donner plus tard un état d'honnête ouvrier, nous annonçant que jamais ni sa mère ni lui ne pourraient le réclamer.

— Ah ! je me souviens maintenant, dit Wilton, qui se versa un troisième verre d'hafnaf; sir John vous remit une bourse qui contenait huit cents livres; et comme vous ne vous souciez guère de dépenser cette somme à l'éducation du petit, vous la gardâtes, et lorsque sir John fut parti, j'allai jeter l'enfant dans la Tamise, au-dessous du pont de Londres.

— C'est cela même.

— Mais pourquoi donc me dites-vous cela, milady ?

— Parce que, maintenant, on me réclame l'enfant.

— Qui ?

— Sir John.

— Il n'est donc pas mort ?

— Non, et il vient d'épouser à Cannes, en France, miss Émily, qui a perdu son père, qui s'est jetée aux genoux de son frère, lui a tout avoué et que son frère a pardonnée.

— Miséricorde! dit Wilton. Eh bien! que ferez-vous, ma chère? ajouta-t-il lorsqu'il eut pris connaissance de cette lettre salie et froissée que mistress Fanoche lui mit sous les yeux.

Un superbe sourire vint alors aux lèvres de la nourrisseuse d'enfants.

— Tous les enfants nouveau-nés se ressemblent, dit-elle.

— C'est un peu vrai.

— Que réclame sir John? un enfant qui doit avoir maintenant neuf à dix ans.

— Sans doute.

— Eh bien! je lui rendrai un enfant de cet âge.

— Mais cet enfant... où est-il?

— Là, dit mistress Fanoche. Venez...

Elle prit une lampe et ouvrit la porte de la chambre où dormait le petit Ralph et où Jenny l'Irlandaise était affaissée lourdement sur le sol.

— Une femme! dit Wilton en entrant.

— Oui, répondit mistress Fanoche, mais ne craignez rien... Elle ne s'éveillera pas avant trois à quatre heures d'ici.

— Oh!

— J'ai versé dans son bol de thé deux gouttes

d'opium, et toutes les cloches de Saint-Paul ne la réveilleraient pas. Il ne tient même qu'à vous, Wilton, ajouta-t-elle avec un sourire féroce, qu'elle ne s'éveille jamais.

— Ah! c'est pour cela?...

— C'est pour cela, dit-elle.

Wilton s'approcha du lit où dormait l'enfant.

— Qu'il est beau! fit-il naïvement.

— N'est-ce pas?

— On dirait un ange endormi.

— Eh bien! il dort et ne fait pas un mauvais rêve, hein? Il sera peut-être pair d'Angleterre quelque jour.

— Mais, ma chère, dit Wilton, vous ne songez pas à une chose...

— Laquelle?

— Cet enfant de dix ans se souvient de son pays.

— Soit.

— De sa mère.

— D'accord.

— Vous ne tromperez pas sir John et miss Émily un quart de minute.

— Vous vous trompez, Wilton.

— Comment cela?

— J'ai arrangé une petite fable bien simple et bien naturelle, mon cher.

— Voyons.

— J'ai confié l'enfant tout petit à une nourrice irlandaise.

— Oui. Je lui faisais passer de l'argent tous les mois et elle me donnait des nouvelles de l'enfant. Quand j'ai reçu la lettre de miss Émily, je lui ai écrit, et elle est venue. Je l'ai récompensée généreusement, et elle est retournée dans son pays.

— Bien imaginé, ma chère, dit Wilton, et je persiste de plus en plus dans mon opinion que le diable c'est une femme, et que cette femme, c'est vous.

— Trêve de niaiseries, dit mistress Fanoche, il faut faire disparaître cette femme.

— Comment?

Mistress Fanoche haussa les épaules.

— Et le pont de Londres? dit-elle.

— C'est juste. Mais...

Et Wilton se gratta l'oreille.

— Mais?... dit sèchement mistress Fanoche.

— Une femme, ça ne s'emporte pas dans un manteau comme un enfant.

— Bah! dit mistress Fanoche, le cabman de Withe-Chapel n'est pas mort, j'imagine.

— Non, certes.

— Il y a deux livres pour lui.

Wilton hésitait encore.

Mistress Fanoche sortit une bourse de sa poche et y prit deux guinées.

— Et je paye d'avance, dit-elle.

— Ma foi! murmura Wilton, les temps sont durs .. et il faut vivre.

Et il souleva l'Irlandaise et lui dit :

— Elle est lourde... il faudra faire un joli effort pour la jeter à l'eau.

La pauvre Irlandaise ne s'éveilla pas. Le narcotique avait fait d'elle un cadavre.

— Et nous, dit mistress Fanoche, ne perdons pas de temps. Il faut chercher le cabman.

— Je me suis douté que nous aurions besoin de lui, répondit Wilton, et c'est lui qui m'a amené. Il est à la porte.

Un rayon de joie infernale passa dans les yeux de mistress Fanoche.

VI

Mistress Fanoche souleva de nouveau l'Irlandaise sans connaissance.

— Allons, dit-elle à Wilton, chargez-la moi sur vos épaules et partez.

— Un moment, dit Wilton; vous allez trop vite, ma chère.

— Que voulez-vous dire?

— Je n'ai pas consulté le cabman.

En anglais cabman veut dire cocher.

— On le payera.

— Je le pense bien, dit Wilton, mais...

— Mais quoi?

— Il demandera sans doute plus cher pour une femme que pour un enfant.

Mistress Fanoche avait une certaine ampleur dans les idées.

Au besoin elle savait ne pas compter.

Elle versa le contenu de sa bourse sur la table. Il y avait bien quinze guinées.

— Prenez tout, dit-elle, et arrangez-vous avec le cabman; mais emportez cette femme.

Wilton prit l'argent, le mit dans sa poche, et chargea l'Irlandaise sur son dos.

— Bon! dit-il. Mais il faut veiller aux policemen.

— Je vais sortir la première, répondit mistress Fanoche.

Elle passa en effet dans le vestibule, laissa la lampe sur un dressoir, ouvrit la porte avec précaution et regarda au dehors.

Depuis environ trois heures que la malheureuse Irlandaise était entrée chez mistress Fanoche, le brouillard s'était épaissi.

On n'y voyait pas à dix pas de distance, et les becs de gaz apparaissaient sans rayonnement, comme des charbons au milieu d'un nuage de cendres.

L'Anglais se mêle peu des affaires d'autrui; il passe et ne s'arrête pas.

Le policeman seul a le droit et le loisir de se montrer curieux.

Mistress Fanoche n'avait donc qu'à se préoccuper du policeman.

Mais le brouillard était épais, et Dudley street est une rue où on vole peu de mouchoirs; par conséquent, le policeman y est rare.

Le cabman était à la porte.

— Oh! oh! dit-il en voyant apparaître mistress Fanoche qui jetait autour d'elle un coup d'œil investigateur, il paraît qu'on a besoin de moi.

— Oui, et le prix de la course est bon, dit-elle.

En même temps, elle se tourna vers Wilton, qui était déjà au seuil de la porte, l'Irlandaise sur son dos.

— Vite! dit-elle, la rue est déserte.

Wilton, qui était d'une force herculéenne, s'élança dans le cab si rapidement, que le cabman n'eut pas le temps de voir de quelle nature était le lourd fardeau qu'il portait et qu'il mit dans le hanson.

Le hanson est cette voiture à deux roues, rapide et légère, que le cocher conduit par derrière, et qu'on désigne improprement en France sous le nom de cab, attendu que cab signifie voiture et par conséquent une voiture à quatre comme à deux roues.

Mistress Fanoche rentra dans la maison et referma la porte.

— London-Bridge ! cria Wilton au cabman.

Le cabman rendit la main à son cheval et le hanson partit au grand trot.

Alors Wilton se mit à arranger son colis comme il le disait ; c'est-à-dire qu'il dressa l'Irlandaise, toujours endormie, dans un coin du cabriolet et la soutint avec un de ses bras.

On eût dit d'un amoureux qui passe son bras sous la taille de sa femme aimée.

Le hanson descendit dans la direction du Strand en prenant Saint-Martin'-slane.

Cette rue, dont le plan incliné est assez rapide, possède deux ou trois forges de carrossiers.

L'une de ces forges, ouverte sur la rue, flamboyait et son rayonnement triompha si victorieusement du brouillard qu'au moment où le hanson

3.

entrait dans le cercle de lumière qu'elle projetait au loin, le visage de l'Irlandaise se trouva éclairé comme en plein jour.

Wilton tressaillit.

Jusque-là, il n'avait pas même regardé cette femme qu'il s'était chargé d'aller noyer pour de l'argent.

Maintenant il venait de la voir, et cette beauté, à laquelle le sommeil donnait une expresssion séraphique, fit sur lui une impression bizarre.

— Une belle fille ! c'est dommage de mourir si jeune.

Mais le hanson continua sa route et sortit du cercle lumineux de la forge, et le beau visage de l'Irlandaise rentra dans l'obscurité.

Wilton eut un ricanement :

— Par Saint-Georges ! murmura-t-il, je crois que j'ai eu un mouvement de pitié. Ah ! ah ! ah ! est-ce mon métier, à moi, d'avoir pitié ? je ferais mieux de garder ma sensibilité pour le jour où on me pendra à la porte de Newgate, ce qui ne peut manquer d'arriver tôt ou tard.

On approchait du Strand. Tout à coup le hanson s'arrêta.

En même temps le cabman souleva la petite trappe qui permet au cocher de communiquer avec le voyageur qui est dans l'intérieur de la voiture, c'est-à-dire au-dessous de lui.

— Hé! Wilton? cria le cabman.

— Que veux-tu? répondit celui-ci.

— Je veux causer un brin avec toi.

— Parle....

— Qu'est-ce que nous emportons au pont de Londres?

— Une femme.

— Morte?

— Non, endormie.

— Ça ne me va pas, Wilton.

— Et pourquoi?

— Parce que ça ne me va pas... Je veux bien noyer des enfants, mais pas de femmes.

— N'est-ce pas la même chose?

— Non, d'abord ça porte malheur.

— Tu veux rire!

— Ensuite, elle se réveillera... elle criera...

— Il n'y a pas de danger... elle a bu de l'opium et elle est comme morte.

— Et combien nous donne-t-on pour cela?

— Cinq guinées.

— Pour nous deux?

— Non, à chacun.

Le cabman hésitait encore.

— C'est une vilaine besogne, Wilton, répéta-t-il.

— On m'a payé d'avance, dit Wilton pour décider le cabman. Veux-tu ton argent?

— Donne donc alors, fit le cabman avec un soupir; mais tu verras que nous ferons quelque jour une jolie grimace devant Newgate et que nos pieds battront le vide..

— Au petit bonheur, dit Wilton, autant mourir comme ça qu'autrement.

Il passa cinq guinées au cabman, par la trappe ouverte dans le plafond de la voiture.

— Je gagne cinq guinées à ce jeu-là, pensa-t-il, car mistress Fanoche m'en a donné quinze.

Le hanson arriva dans le Strand.

Le brouillard était encore épais ; mais il y a de beaux magasins dans le Strand et comme il n'était guère plus de onze heures du soir, il y en avait encore quelques-uns d'ouverts qui étincelaient de lumiere.

De temps en temps un flot de clarté pénétrait dans le cab et le visage angélique de l'Irlandaise apparaissait à Wilton.

Alors le bandit tressaillait et avait un battement de cœur.

Après le Strand, on entra dans Fleet-street, puis

on prit la rue de Farington qui descendait vers le fleuve.

Le cheval marchait un train d'enfer.

Mais à mesure qu'on approchait de la rivière, Wilton sentait son cœur battre plus fort.

Vers le milieu de Farington, il souleva de nouveau la trappe.

— Arrête un moment, dit-il.

— Pourquoi faire? demanda le cabman.

— Je vais boire un peu de gin.

Et il sauta à terre et entra dans un public-house.

Il but deux verres de gin coup sur coup, paya avec une des guinées de mistress Fanoche et regagna le hanson.

— En route! ça va mieux.

L'Irlandaise était toujours affaissée et inerte dans un coin de la voiture.

On eût dit que Wilton conduisait un cadavre.

Le hanson tourna dans Thames-street, c'est-à-dire la rue de la Tamise, et en quelques minutes il arriva à London-Bridge.

Le pont de Londres que sillonnent tout le jour des milliers de voitures, de camions et de chariots, sur lequel passent, de dix heures du matin à six heures du soir, près d'un demi-million de piétons, est désert quand vient la nuit.

Le hanson s'y engagea.

— Arrête-toi au milieu, cria Wilton au cabman.

En même temps, il tira une corde de sa poche et se mit en devoir de lier les pieds et les mains de l'Irlandaise, de façon qu'elle allât au fond et ne pût se débattre, en admettant que la fraîcheur de l'eau triomphât de sa léthargie.

Le hanson s'arrêta.

Alors Wilton prit l'Irlandaise dans ses bras, descendit et s'approcha du parapet.

VII

Tout à coup une lueur rougeâtre se fit au bout du pont, du côté du Borough, c'est-à-dire sur la rive méridionale.

Cette lueur était celle de la lanterne d'un de ces grands camions à trois chevaux qui transportent les marchandises d'une gare à l'autre.

Wilton eut un nouveau battement de cœur.

Le cabman lui cria :

— Prenez garde !

Wilton abandonna le parapet et, portant toujours l'Irlandaise, il se rapprocha du cab.

Il fallait absolument laisser passer le camion, la plus vulgaire prudence l'exigeait.

A mesure que la lourde voiture s'approchait, la clarté du fanal devenait plus grande, et tout à coup elle frappa le visage de l'Irlandaise.

Une fois encore les regards de Wilton s'arrêtèrent sur son visage et les battements de son cœur se précipitèrent.

Le camion passa.

Le cocher qui le conduisait, chaudement enveloppé dans sa pelisse garnie de peau de mouton, sa casquette sur les yeux, regardait à peine devant lui, d'un œil somnolent, et tout juste ce qu'il fallait pour conduire son véhicule.

Peut-être aperçut-il le cab, mais il ne prêta aucune attention à cet homme qui avait l'air d'avoir un cadavre dans ses bras.

— Eh bien! cria le cabman, est-ce que tu ne vas pas te dépêcher, Wilton?

Wilton ne répondit pas.

— Il fait froid et j'ai les doigts gelés à tenir mes guides, continua le cabman. Dépêche-toi donc.

Wilton était comme saisi de vertige.

— C'est drôle !. murmura-t-il, jamais je n'ai été comme ça. Le cœur me manque et mes jambes me rentrent dans l'estomac.

— Allons ! allons ! répéta le cabman.

Mais Wilton jeta un cri.

L'Irlandaise, qui jusque-là était comme morte, avait poussé un soupir.

Et Wilton s'éloigna de nouveau du parapet, revint au cab et dit :

— Non, non, je ne veux pas.

— Tu ne veux pas la noyer? fit le cabman stupéfait.

— Non, répéta Wilton.

— Mais malheureux... tu veux donc rendre l'argent?

— Je ne rendrai rien, dit Wilton. Tant pis pour mistress Fanoche... je ne veux pas noyer cette femme... elle est trop belle...

Le cabman eut un éclat de rire.

— Du moment où on ne rend pas l'argent, dit-il, ça m'est égal ; j'aime autant ça même, car j'ai toujours pensé que noyer une femme portait malheur. Mais qu'allons-nous en faire?

— Je ne sais pas, dit Wilton.

Et il replaça dans le hanson l'Irlandaise, qui avait retrouvé son immobilité cadavérique.

— La dose d'opium était bonne, murmura-t-il, nous avons le temps de réfléchir. Elle n'est pas près de se réveiller.

Le cabman tourna bride.

— Ah çà, où allons-nous?

— Je ne sais pas, dit le bandit.

— Est-ce que tu veux en faire madame Wilton, par hasard?

Wilton tressaillit.

— Oh! non, dit-il tout à coup, si je venais à aimer une femme, je serais perdu. Je ferais trop de bêtises!

Puis, prenant une résolution subite, il remonta dans la voiture et dit :

— Remonte la rue du roi Guillaume jusqu'au *monument*, prends celle de la Poissonnerie, tournons les docks et allons chez le land-lord Wanstoone, dans Old-Gravel-lane. D'ici là, je réfléchirai.

— Comme tu voudras, dit le cabman.

Et le hanson se remit à rouler rapidement, laissant le pont de Londres derrière lui, remontant King-of-Williams-street, contournant la colonne commémorative de l'incendie qui dévora la moitié de la Cité, en 1666, et s'engageant dans cette longue rue de la Poissonnerie qui contourne les docks de Sainte-Catherine et de Londres et aboutit à Saint-Georges-street.

Au delà des docks de Londres, on trouve, sur la droite, une rue en pente qui descend vers la Tamise et aboutit au tunnel.

Cette rue, qui décrit un arc de cercle, se nomme Old-Gravel-lane, ce qui veut dire le vieux chemin sablé.

Elle est déserte la nuit.

Seul, au milieu de cette solitude, un public-house, bien après minuit, laisse encore voir sa devanture éclairée, au travers de vieux rideaux rouges.

Le land-lord, ou tavernier, se nomme Wanstoone.

C'est un homme discret qui ne se mêle jamais de rien, n'intervient dans aucune querelle et écoute froidement des histoires et des confidences qui lui entrent par une oreille et sortent par l'autre.

Master Wanstoone est le prototype du land-lord comme il en faut dans le Wapping, car Old-Gravel-lane est au beau milieu de ce quartier sinistre.

Ce fut donc à la porte de ce public-house que le hanson s'arrêta.

Le cheval était bien dressé. Il s'arrêtait aux portes et on pouvait l'y laisser indéfiniment.

Le cabman, qui était un habitué du public-house, ne s'occupait jamais de sa voiture que lorsqu'il craignait les policemen.

Mais il n'y a point, il n'y a jamais eu de policemen dans le Wapping, passé huit heures du soir.

Wilton coucha l'Irlandaise en travers sur la banquette et jeta dessus la vieille couverture du cabman.

Puis il entra avec ce dernier dans le public-house, qui était tout à fait désert.

Master Wanstoone lisait assis derrière son comptoir, et il se leva même avec humeur pour servir les deux verres d'hafnaf que demanda Wilton.

Puis il reprit sa lecture.

— Vois-tu, dit alors Wilton au cabman, j'ai bien réfléchi en chemin.

— Ah ! fit le cabman.

— De quoi nous sommes-nous chargés, poursuivit Wilton, de faire disparaître une femme?

— Oui.

— Afin que mistress Fanoche puisse faire de son enfant ce qu'elle voudra.

— Tiens, elle a donc un enfant?

— Oui, je te conterai ça une autre fois. Passons.

On nous donne cinq guinées à chacun. Bon ! nous emportons la femme... et mistress Fanoche n'entend plus parler d'elle.

— Mais si elle a un enfant, elle se mettra à sa recherche.

— Non.

— Ah ! par exemple !

— Elle est arrivée à Londres ce soir, elle n'y connaît personne... elle ne sait pas le nom de mistress Fanoche... encore moins celui de la rue où elle a laissé son enfant... Comment veux-tu qu'elle le retrouve?

Et puis, Londres est si grand qu'il ne finit pas. Sais-tu qu'il y a près de quatre milles de Dudley-street, d'où nous venons, à Old-Gravel-lane, où nous sommes?

— Tu comptes donc rester ici?

— Nous allons la porter dans Wellclose-square, nous la coucherons sur un banc et tout sera dit.

— Soit, dit le cabman.

— Puisque j'ai entamé une de mes guinées, dit Wilton, autant vaut que je paye encore.

Et il jeta six pences sur le comptoir.

Ils sortirent. Le cabman remonta sur son siége et Wilton s'assit de nouveau auprès de l'Irlandaise.

— Hé! dit-il, il faut nous dépêcher, elle est brûlante, malgré le froid : c'est signe qu'elle s'éveillera bientôt.

Le square dont avait parlé Wilton était à une très-petite distance.

Le hanson remonta dans Saint-Georges, tourna à gauche, et dix minutes après, il entrait dans Welleclose-square.

Le lieu était sinistre et désert.

Autour d'une sorte de jardin s'élevait une vieille grille en fer.

Autour de la grille il y avait çà et là un banc vermoulu. Tout à l'entour se dressaient des maisons noires et hideuses, d'où ne sortait aucun bruit, et où n'apparaissait aucune lumière.

Des ruelles sombres, étroites, aboutissaient à cette place. C'était peut-être le lieu le plus caractéristique du Wapping.

Un silence de mort régnait à l'entour.

C'est que le Wapping ne s'éveille que passé minuit.

Alors s'ouvrent des bouges sans nom, des théâtres qui ont un public de prostituées et de voleurs, des bals où les femmes viennent pieds nus, faute de souliers.

Or, il n'était pas encore minuit.

Et le Wapping ne donnait pas signe de vie.

Le hanson s'arrêta.

Wilton prit de nouveau l'Irlandaise dans ses bras et descendit.

Il s'approcha d'un banc et l'y coucha tout de son long.

— Elle sera fort bien là, dit-il. Et puis, quelque bonne âme charitable en prendra soin peut-être.

— Une jolie femme trouve toujours un asile, ricana le cabman. C'est égal, nous volons joliment l'argent de mistress Fanoche.

Et les deux bandits s'éloignèrent, laissant la malheureuse Irlandaise toujours en proie à son sommeil léthargique, en ce lointain quartier de Londres dans lequel, la nuit, un gentleman ou une femme honnête n'oserait pénétrer.

On entendait encore dans l'éloignement le bruit des roues du hanson, lorsque minuit sonna à la chapelle Saint-Georges. Alors quelques lueurs tremblantes s'allumèrent çà et là aux fenêtres voisines. Le Wapping s'éveillait et l'Irlandaise dormait toujours.

VIII

La nuit était froide, nous l'avons dit, et d'après les calculs de mistress Fanoche, les effets du narcotique absorbé par l'Irlandaise devaient se dissiper au bout de trois ou quatre heures.

Déjà Jenny avait poussé un soupir, tandis que Wilton la prenait dans ses bras.

Il n'y avait pas encore une heure que les deux misérables l'avaient déposée sur ce banc de Welleclose-square, qu'elle commença à s'agiter.

Ses membres raidis par la léthargie, retrouvèrent peu à peu leur élasticité et leur souplesse ; son sein se souleva, ses lèvres s'entrouvrirent et murmurèrent un nom :

— *Ralph !*

Le nom de son enfant n'est-il pas le premier mot que prononce une mère en s'éveillant ?

Car elle avait rêvé, la pauvre mère, tandis que les deux bandits agitaient la question de savoir s'ils l'enverraient s'endormir du dernier sommeil dans les flots noirs de la Tamise, ou s'ils lui feraient grâce de la vie.

Et son rêve était plein de son fils.

Elle le voyait grand et fort, marchant d'un pas assuré vers de hautes destinées, et jetant autour de lui comme une trace lumineuse.

Et quand ses lèvres se furent agitées, ses yeux s'ouvrirent.

Durant son sommeil, le Wapping s'était éveillé.

La vie nocturne est partout à Londres, dans les palais de Belgrave-square, comme dans les antres de White-Chapel, dans Regent-street comme au Wapping.

Le Wapping avait ouvert ses maisons de nuit.

Les public-houses flamboyaient; les mendiants et les voleurs s'attroupaient à la porte, la musique sauvage du bal Windson sortait par bouffées des profondeurs d'une cave. Des ombres, plutôt que des créatures humaines, traversaient le square dans tous les sens.

Car, à Londres, l'orgie elle-même est silencieuse, et le vice marche sans bruit.

L'Irlandaise, ayant ouvert les yeux, crut que son rêve continuait et avait seulement changé d'aspect et de tableau; mais les âpres brises du brouillard, le vent frais qui lui fouettait le visage, l'eurent bientôt convaincue qu'elle ne dormait pas.

Où était-elle?

Elle appela son fils :

— Ralph, mon enfant, où es-tu?

Ralph ne répondit pas.

Elle se leva, éperdue, jetant un regard égaré autour d'elle.

Le square était sinistre ; ses lumières, éparses çà et là comme des phares dispersés sur une mer orageuse, sinistres aussi.

— Mon Dieu! mon enfant... où suis-je? dit-elle en prenant sa tête à deux mains.

Elle fit quelques pas en avant, puis s'arrêta, comme si elle eût voulu rassembler ses souvenirs épars.

Et soudain elle se rappela.

Elle revit le parloir, les deux dames, les petites filles et la petite chambre où on les avait conduits, elle et son fils.

Elle se souvint des terreurs de l'enfant, qui voulait s'en aller.

Elle se souvint encore qu'un sommeil de plomb s'était emparé d'elle, et qu'elle n'avait pas eu le temps de se mettre au lit.

Alors elle jeta un grand cri, un cri de désespoir suprême.

On l'avait endormie pour lui voler son enfant.

Où était-elle ?

Comment s'appelait cette place où on l'avait amenée ?

Quel était le nom de la rue dans laquelle était la maison de mistress Fanoche ?

Elle ne le savait pas !

Cependant les mères ont des courages de lionne.

— Je chercherai, dit-elle, je trouverai... je leur arracherai mon fils.

Et elle se mit à courir droit devant elle d'abord.

Elle crut que Welleclose-square était Soho-square, qu'elle avait aperçu en cheminant avec Shoking.

Comment aurait-elle deviné qu'on l'avait transportée à près de quatre mille du square Saint-Gilles ?

Elle se mit donc à parcourir une à une les rues et les ruelles qui entourent Wellclose-square, tantôt jetant un cri de joie et croyant se reconnaître, tantôt s'arrêtant avec effroi, car la lueur d'espérance s'éteignait, et elle ne se retrouvait plus.

Des hommes en haillons passaient auprès d'elle et quand la lueur d'un bec de gaz leur permettait de voir son beau visage, ils lui adressaient des propositions honteuses et lui disaient des mots bscènes.

Jenny prenait la fuite et recommençait ses recherches, mais toujours elle revenait dans Well-lose-square.

Un groupe de femmes avinées se querellaient à la porte d'un public-house.

Jenny eut le courage de s'approcher d'elles et de leur dire :

— Où est donc Saint-Gilles?

Les unes se mirent à rire, les autres l'appelèrent milady. Aucune ne lui répondit.

Mais une ignoble créature dont les loques hideuses étaient couvertes d'une vieille fange, une de ces femmes qui n'ont plus rien d'humain, s'élança vers elle comme une furie :

— Que viens-tu faire ici? dit-elle; est-ce que tu es du quartier? Non, tu viens parce qu'il y a un arrivage de matelots aux Saylors'-house, et qu'ils ont de l'argent... et tu veux nous prendre notre part. Va-t-en... va-t-en!...

Et elle levait ses poings fermés sur elle.

Jenny épouvantée voulut fuir.

Mais la terrible femme la saisit par le bras et lui dit encore :

— Qui cherches-tu ici, dis, qui cherches-tu? Ce n'est pas Williams au moins... car, vois-tu,

Williams, c'est mon amant... et je ne veux pas qu'on y touche !...

— Je cherche mon enfant ! répondit d'une voix déchirante Jenny, qui essayait de se soustraire aux doigts crochus de cette femme.

Les autres riaient et dansaient :

— Elle est toujours jalouse, Betsy... ah ! ah ! ah !

— Ayez pitié de moi, suppliait Jenny, je vous jure que je ne connais pas Williams dont vous parlez...

— Tu mens ! disait la femme avinée, tu cherches Williams, je le vois bien !

— Qui parle de Williams ? s'écria tout à coup une voix rauque et masculine.

Et un homme s'avança dans le cercle de lumière douteuse au milieu duquel se passait cette scène.

Cet homme était un matelot, mais un matelot ignoble et sale, aux épaules larges, aux jambes tordues, à la face rougeaude et perdue par la boisson, aux deux côtés de laquelle pendaient de longs cheveux d'un blond ardent.

— C'est moi qui suis Williams ! dit-il.

Il aperçut Jenny et dit :

— Quelle est cette femme ? elle n'est pas du

quartier... je ne la connais pas... Tiens, elle est belle !...

— Ayez pitié de moi, disait Jenny en joignant les mains... défendez-moi...

— Ah ! tu la trouves belle ! hurla l'ivrognesse... Eh bien ! je vais lui arracher les yeux.

Mais elle reçut un coup de poing du matelot en plein visage, et elle tomba dans le ruisseau en poussant un sourd grognement.

— Ce Williams, cria une autre créature, quand il y a une jolie femme... elle est pour lui...

Williams avait posé sous son bras le bras de Jenny et disait :

— Viens avec moi... tu n'as rien à craindre, ma chère... On me connaît dans le Wapping... et quand une femme est à mon bras, il n'y a pas de danger qu'on y touche...

— Au nom du ciel, disait Jenny, aidez-moi à retrouver mon fils.

— Tu as donc un fils ?

— Oui. On me l'a pris... rendez-moi mon fils... et je vous bénirai...

— Et tu m'aimeras ? fit-il avec un ricanement de bête fauve.

Elle ne comprit pas l'horrible sens de ces paroles et elle répondit :

— Oh! oui... si vous me rendez mon fils, je vous aimerai!

— Où est-il donc ton fils?

— Conduisez-moi auprès de Saint-Gilles, je trouverai.

— Saint-Gilles? fit-il. Mais c'est loin d'ici... bien loin...

— Au nom du ciel, conduisez-moi...

— Viens donc boire un coup, auparavant, dit-il.

Elle voulut se dégager, mais il tenait son bras sous le sien et l'y serrait comme dans un étau.

— Viens, répéta-t-il, je suis Williams et on ne m'a jamais résisté.

Et il l'entraîna de force et malgré ses cris dans une ruelle noire au fond de laquelle brillait une lueur sinistre.

La lueur du public-house du Cheval-Noir, le plus célèbre des repaires du Wapping.

— Encore une qui aura aimé Williams, ricanèrent les horribles créatures en les regardant s'éloigner tous deux, tandis que celle qui voulait accaparer Williams, pour elle seule, se relevait toute sanglante et l'œil poché du coup de poing.

IX

A l'angle sud-est de Welleclose-square est une ruelle qui n'a pas trois mètres de large.

Vers le milieu est un théâtre.

Mais un théâtre comme on n'en vit jamais peut-être, un théâtre où les premières loges se louent douze sous, et le parterre un penny.

Le jeune premier est un nègre; on fume et on boit pendant le spectacle.

Les prostituées qui se tiennent au balcon sont pieds nus; le parterre est composé de voleurs.

Au bout de la ruelle est le *Cheval-Noir*.

Public-house au rez de chaussée, bazar de la débauche à l'entresol, bal au premier étage et taverne dans les caves, cet établissement n'offre rien à désirer comme on voit.

Le Saylors'-house, ou pension des matelots, est à deux pas.

Quand ils sortent du Saylors'-house, ils entrent au Cheval-Noir.

Quand ils ont bu, ils se querellent, et les querelles se vident dans la rue, à coups de couteau.

La danseuse en guenilles a souvent du sang sur

sa robe. C'est le vainqueur qui lui a pris amoureusement la taille.

Un escalier de dix marches conduit au sous-sol.

Là est la vraie taverne.

Depuis minuit jusqu'au jour, cinquante personnes, hommes et femmes, si on peut donner ce nom à une population fangeuse, bestiale, avinée et couverte d'affreux oripeaux, cinquante personnes boivent, mangent, se querellent, rient et chantent.

On entend claquer d'ignobles baisers sur des joues sales, on voit, à la lueur de quelques chandelles fumeuses éparses sur les tables, mousser la bière brune ou blonde dans des pots d'étain.

Derrière un comptoir garni de victuailles, trône majestueusement mistress Brandy.

C'est la femme du land-lord, c'est-à-dire du maître de l'établissement.

Celui-ci est là-haut, au public-house, affublé d'un reste d'habit noir et d'une cravate qui fut blanche, il y a déjà bien des années.

Mistress Brandy a un autre nom, mais on ne le sait plus, on l'a oublié.

Brandy veut dire eau-de-vie en anglais, et c'est

un surnom qu'on a donné à la femme du landlord.

C'est une forte et robuste commère, haute en couleur, qui a cinq pieds six pouces, des mains à couvrir une assiette, des pieds à servir de base à un monument.

Elle a donné un seul soufflet dans sa vie, à un insolent qui lui manquait de respect.

Ce soufflet a produit l'effet de la masse d'un boucher.

Le malheureux est tombé sanglant et inanimé à la droite du comptoir.

Pourvu qu'on paye, du reste, pourvu qu'on boive, mistress Brandy est tolérante.

Si deux voleurs dévalisent un matelot, elle ferme les yeux : si deux matelots jouent du couteau et qu'il y ait mort d'homme, miss Brandy appelle John.

John est un Écossais gigantesque qui lui sert de garçon et aide les deux servantes à presser la bière.

John prend le mort dans ses bras, le porte tranquillement dans la rue et revient à sa besogne comme si de rien n'était.

Le Cheval-Noir est un établissement tranquille,

et jamais on n'a eu besoin d'y appeler les policemen.

D'ailleurs, dans le Wapping, il n'y a pas de policemen. Les nobles lords qui siégent au Parlement, tout à côté de Westminster, ont pensé que le peuple se protége toujours suffisamment lui-même.

Ce soir-là, toutes les tables étaient occupées dans la cave du Cheval-Noir.

Mais celle qui était à la gauche du comptoir était la plus bruyante.

On y fêtait la libération de Jack, dit l'*Oiseau-bleu*, un voleur célèbre qui était sorti le matin même de la prison de Midlesex, où il avait fait six mois de moulin.

Jack disait en levant son verre :

— Je bois au colonel gouverneur, qui est un brave homme et un parfait gentleman. Il m'a remis deux couronnes, un shilling, six pence, quand je suis sorti, et il m'a fait un beau discours en me recommandant d'être honnête homme à l'avenir.

— Ce farceur de Jack, dit une femme qui avait passé sa main à l'entour de la taille du pick-pokett, il est capable d'avoir promis.

— Certainement, ricana Jack, certainement,

Votre Honneur, que je serai honnête homme... Dès ce soir, je vais chercher du travail.

Et tous les voleurs et toutes les prostituées de rire à se tordre.

Un des assistants haussa les épaules :

— Voilà donc de quoi faire le fier, dit-il, parce que tu reviens du moulin. J'ai bien passé par la cage aux oiseaux, moi.

— Quand on passe par là, c'est pour y retourner, dit Jack.

Il faisait allusion au cimetière des suppliciés que le condamné traverse, à Newgate, en sortant de la cour d'assises.

— Ils m'ont acquitté, dit le voleur. Braves gens, messieurs les jurés, excellentes gens, parfaits gentlemen, leurs Seigneuries ! Et on continua à rire.

A une autre table, des matelots se racontaient leurs campagnes.

Un peu plus loin, une Irlandaise, qu'on appelait Jane la géante, faisait une scène de jalousie à son amant.

Mistress Brandy, impassible, surveillait tout cela d'un œil indifférent.

Cependant, quelquefois, elle regardait avec une

certaine curiosité un homme qui était assis tout près du comptoir et buvait seul, à petites gorgées, un verre de grog.

C'était un homme de trente-sept à trente-huit ans peut-être, de taille moyenne, portant des favoris châtain clair, et dont le visage régulier contrastait avec les faces patibulaires qui l'entouraient.

Était-ce un Écossais, un Anglais, un Irlandais ou un Français?

Nul ne le savait.

Ce n'était pourtant pas la première fois qu'il venait au Cheval-Noir. Mais il ne parlait à personne, buvait, payait et s'en allait.

Quelquefois même il tombait en une rêverie profonde. Une fois, on avait voulu le *tâter*, c'est-à-dire savoir ce qu'il était, d'où il venait... s'il était voleur ou matelot, condamné en rupture de ban ou bien étranger à toutes les professions interlopes du Wapping.

Pour cela, on lui avait cherché querelle.

Il n'avait perdu ni son flegme, ni son attitude indifférente et calme; mais en trois coups de poing il avait mis hors de combat trois adversaires.

Depuis lors, on l'avait respecté.

Du reste, il parlait un anglais très-pur et sans le moindre accent.

Comme on ne savait pas son nom, on l'avait surnommé l'*homme gris*, à cause de son vieil habit gris, l'unique vêtement qu'on lui eût jamais vu.

Un seul habitué du Cheval-Noir avait trouvé grâce devant cette indifférence parfaite.

C'était un pauvre diable de mendiant, que tout le monde aimait pour sa philosophie, sa bonne humeur, et qui amusait fort les affreux garnements du Cheval-Noir par ses prétentions au *comme il faut*.

On a reconnu, dans cette rapide esquise, notre connaissance d'une heure, Barclay dit Shoking.

Shoking, qu'on avait ainsi appelé parce qu'il trouvait toujours que ses compagnons d'orgie nocturne étaient *inconvenents*, Shoking, qui se vantait d'avoir des manières de gentleman et prétendait que si la fortune lui souriait un jour, il se montrerait à cheval à Hyde-parck et irait prendre des glaces à Cremorn, tout comme un fils de pair, Shoking enfin, était le seul à qui l'homme gris eût quelquefois offert une pinte d'ale ou un verre de grog.

Or, ce soir-là, les voleurs riaient, les matelots

se querellaient, les filles chantaient, mistress Brandy regardait l'homme gris du coin de l'œil, et celui-ci continuait à boire son verre de grog à petites gorgées, lorsque Shoking apparut en haut de l'escalier qui descendait dans la cave.

— Voilà Shoking !
— Vive Shoking !
— Hurrah pour Shoking !

Ce fut une avalanche de cris.

L'homme gris releva la tête et salua Shoking de la main.

— Bonjour, mes amis, bonjour, dit Shoking du ton protecteur d'un homme heureux.

— Tiens ! s'écria une femme, il a des souliers neufs.

— Et un habit neuf, dit un voleur.

— Il a une chemise... fit une autre prostituée.

— Par saint Georges ! murmura mistress Brandy, il a des bords à son chapeau.

— J'ai fait fortune, dit Shoking. Mais rassurez-vous, j'ai laissé mon argent à la maison.

— C'est dommage, dit Jack en riant.

Shoking traversa la salle et vint s'asseoir à la table de l'homme gris.

— Cette fois, dit-il, c'est moi qui paye.

X

L'homme gris se prit à sourire.

— Mon ami, dit-il, je vois que vous avez de l'argent ce soir, et comme vous êtes un brave cœur, vous vous dites qu'il est convenable de payer à votre tour.

— Ça, c'est vrai, dit Shoking.

L'homme gris baissa la voix.

— Dieu me garde de vous refuser, car je n'ai jamais voulu blesser personne, et je sais que tout bon Anglais a sa fierté. Payez donc, si tel est votre bon plaisir.

Néanmoins, laissez-moi vous faire une question.

— Laquelle? demanda Shoking en regardant l'homme gris avec étonnement.

— Vous avez de l'argent?

Shoking baissa la voix :

— Chut! dit-il, ne me trahissez pas, j'ai gagné dix guinées ce soir.

— Dix guinées!

— Tout autant. J'en ai presque dépensé une

pour me vêtir, et vous voyez si je le suis convenablement, hein? fit Shoking avec importance.

— Un gentleman, dit l'homme gris.

— N'est-ce pas?

Et Shoking se mit à énumérer complaisamment le prix de ses acquisitions :

— Habit, trois schillings, dit-il ; chapeau, deux schillings ; un pantalon, un schilling six pence ; souliers, quatre schillings, mais ils sont neufs. Chemise et cravate, deux schillings.

J'ai failli acheter un waterproof. Il fait froid, et un pardessus n'est pas de luxe en cette saison. Mais j'ai réfléchi.

— Ah! fit l'homme gris.

— Oui, dit Shoking. J'ai pensé qu'il valait mieux louer une chambre pour deux semaines dans Mil end Road, en face du workhouse, ce qui m'amusera fort, moi qui n'ai jamais pu y être admis que pour la nuit, et encore en promettant le travailler le lendemain trois ou quatre heures à faire de l'étoupe, car je ne suis pas assez fort pour casser des pierres.

Il me reste donc neuf guinées. Je puis vivre un an sans rien faire. J'irai me promener dans Regent-street, demain soir, et je louerai une stalle au théâtre d'Hay-Markett.

L'homme gris souriait toujours.

— Mais à quoi donc avez-vous gagné ces dix guinées? dit-il.

— Oh! c'est bien simple, dit Shoking.

— Mais encore?

— J'ai rendu service à un lord.

— Comment cela?

— Je me trouvais sur le *Penny-Boat*, qui remonte de Greenwich à Charing-Cross.

— Bon.

— Sur ce *Penny-Boat*, il y avait une fort jolie femme, ma foi! une Irlandaise, avec son petit garçon, et un lord qui la regardait, ah! mais qui la regardait...

— Après? dit l'homme gris en fronçant légèrement le sourcil.

— Le lord s'est approché de moi, et il m'a dit : Tu vas suivre cette femme, et, si tu me rapportes son adresse, ce soir, à mon hôtel, dans Chester-street, Belgrave-square, je te donnerai dix guinées.

C'est ce que j'ai fait; et vous voyez, ajouta Shoking, qu'il n'est pas difficile de gagner beaucoup d'argent honnêtement.

— Honnêtement? fit l'homme gris.

— Dame!

— Ah! vous croyez cela honnête ami, Shoking?

Le mendiant se sentit rougir; et pour la première fois, il songea que peut-être il avait agi à la légère.

Aussi éprouva-t-il le besoin d'excuser sur-le-champ sa conduite, et s'empressa-t-il de raconter dans tous ses détails la suite de son aventure.

Il dit à l'homme gris comment il avait servi de guide à la pauvre mère et à son enfant perdus dans les rues de Londres, comment il les avait conduits dans Lawrence-street, puis chez mistress Fanoche, portant le petit sur son dos.

Il n'oublia rien, pas même ce détail bizarre que la mère avait dit plusieurs fois qu'elle devait se trouver le lendemain à la messe de huit heures à Saint-Gilles, et présenter son fils au prêtre qui officierait.

Quand il eut fini, l'homme gris qui l'avait écouté attentivement, lui dit:

— Vous êtes une tête légère et un bon cœur, Shoking.

— Pourquoi donc? demanda le mendiant.

— Vous avez fait une bonne action en venant en aide à cette femme; mais vous avez fait un acte blâmable en allant indiquer à ce lord... Comment le nommez-vous?

— Lord Palmure.

— Bon! je vous disais donc que vous aviez eu tort d'aller lui dire où cette femme était descendue.

— Mais...

— Vous pensez bien, dit l'homme gris, qu'un lord qui tient à savoir l'adresse d'une pauvre femme du peuple, ne saurait avoir de bonnes intentions.

Shoking tressaillit.

— Vous avez raison, dit-il, j'ai eu tort...

Puis, se frappant le front :

— Si j'allais avertir l'Irlandaise, dit-il.

L'homme gris n'eut pas le temps de répondre, car un grand tumulte se fit à l'entrée de la cave.

Placés tout au bout de la salle souterraine, l'homme gris et Shoking étaient presque dans l'ombre, tandis que l'entrée de la cave était en pleine lumière.

En haut de l'escalier, on venait de voir apparaître un homme et une femme.

La femme se débattait et ne voulait pas entrer. Elle poussait des cris suppliants et disait d'une voix brisée :

— Au nom du bon Dieu, laissez-moi!

L'homme répondait d'une voix rauque :

— Je suis Williams, timonnier à bord du *Victorieux*, le plus brave navire de Sa Majesté la reine. Toutes les femmes sont folles de moi, toutes les femmes du Wapping m'ont aimé... et tu feras comme les autres. Marche!

Et il la poussait rudement devant lui.

— Hurrah pour Williams! criait la foule des buveurs.

— Cette chipie! exclamèrent les femmes, ne pas vouloir de Williams! tu es folle, ma chère!

— Williams, la mort des cœurs! dit une autre.

— La terreur des jaloux! exclama un voleur.

— Le beau Williams! ricanèrent quelques hommes.

La femme se cramponnait à lui, embrassant ses genoux et répétant :

— Grâce! grâce!

Et la salle de rire et d'applaudir avec frénésie.

— Ah! tu ne veux pas être madame Williams! hurlait le matelot ; nous verrons bien.

Et il jeta, par un suprême effort, l'Irlandaise, — car c'était elle, — au milieu de la taverne.

Soudain, Shoking jeta un cri.

Un cri que personne n'entendit, car l'attention

générale était concentrée sur Williams et sa conquête.

Personne, excepté l'homme gris.

— *Elle !* dit Shoking.

— Qui, *elle !* fit l'homme gris.

— L'Irlandaise.

— La mère de l'enfant ?

— Oui.

— Comment peut-elle être ici ?

— Je ne sais pas. Mais c'est elle.

L'homme gris se prit alors à regarder cette femme, et il tressaillit à la vue de cette beauté sans égale à laquelle l'épouvante donnait une expression céleste.

On eût dit un ange tombé du ciel dans quelque coin de l'enfer.

Elle était maintenant à genoux et jetait autour d'elle un regard suppliant et mouillé de larmes.

— Mes bons messieurs, disait-elle, mes bonnes dames, mes amis, ayez pitié de moi... je ne suis pas ce que cet homme croit... je suis une pauvre mère qu'on a séparée de son fils... Délivrez-moi, mes amis, délivrez-moi de cet homme... il faut que je retrouve mon enfant...

Et elle se tordait les mains : à la vue de ce désespoir, tous ces bandits, toutes ces prostituées riaient à pleine gorge et répétaient :

— Hurrah pour Williams !

Williams, lui, s'était posé en matamore au milieu de la salle :

— Je suis Williams, disait-il, Williams, du *Victorieux*, et j'ai toujours été gâté par les femmes.

En même temps, il avait jeté bas sa veste de matelot et montrait son torse herculéen et ses épaules trappues avec une orgueilleuse complaisance.

— Je suis Williams, disait-il, et cette femme me plaît : qui donc osera me la disputer?

Et il jeta un défi à toute la salle.

Personne d'abord ne bougea.

Williams avait tiré son couteau et le brandissait.

— Elle est pourtant belle, cette femme, reprit-il avec ironie.

Mais pour l'avoir, il faut jouer du couteau, mes agneaux. Et personne n'en veut.

Le même silence accueillit cette nouvelle provocation.

L'Irlandaise était toujours à genoux, suppliant tous ces misérables.

— Ah! ah! ah! ricana Williams, vous voyez

bien, ma chère, que personne ne veut de vous...
Tu seras madame Williams, il le faut bien.

Mais soudain, un homme se leva, traversa la salle comme un éclair, et vint se placer devant Williams.

— Je te défends d'y toucher, dit-il.

— Hurrah pour l'homme gris! hurlèrent alors les buveurs.

C'était l'homme gris, en effet, l'interlocuteur de Shoking, qui venait de surgir devant l'Irlandaise comme un protecteur.

Et l'Irlandaise tendit vers lui ses mains suppliantes.

XI

Le même effet dut se produire le jour où l'on vit sortir des rangs des Hébreux cet enfant du nom de David qui se présentait pour combattre le géant Goliath.

Williams n'était pas un géant, mais il était si large d'épaules, si trapu, si solidement campé sur son torse énorme qu'il rappelait ces hercules forains qui soulèvent des poids à bras tendus ou portent des fardeaux à faire reculer un bœuf.

Celui qui osait se dresser devant lui et accepter son défi était de taille ordinaire, mince, avec de petits pieds et de petites mains.

Sous son pantalon de laine brune, sous son habit de gros drap gris fané, auquel il devait son surnom, on eût juré quelque fils de lord, tant il avait de noblesse et d'élégance aristocratique dans l'attitude, le visage et le maintien.

Une femme lui cria :

— N'y va pas, mon mignon, il ne fera de toi qu'une bouchée.

— L'homme gris est fou ! dit un des voleurs.

Un autre, qui lui avait vu administrer ces trois coups de poing dont nous parlions tout à l'heure, répondit :

— Laissez donc ! on ne sait pas...

Les matelots qui étaient nouvellement débarqués, regardaient l'homme gris avec commisération :

— Le pauvre petit, disaient-ils, il ne connaît pas Williams, on le voit bien.

Quant à Williams, il se mit à rire, mais d'un rire si franc, si insolent, que toute la salle fit comme lui.

— Va-t'en, *mademoiselle*, dit-il à l'homme gris. Veux-tu que je te paye un verre de grog?... Non, n'est-ce pas? tu aimerais mieux des friandises?...

Mais son regard rencontra celui de cet adversaire qu'il paraissait mépriser si fort, et comme de deux lames d'épée qui se heurtent jaillit soudain une étincelle, au choc de ce regard Williams tressaillit et recula d'un pas.

Il cessa de rire et se mit instinctivement sur la défensive.

L'homme gris se plaça alors entre l'Irlandaise et Williams :

— Je te défends, répéta-t-il, de toucher à cette femme.

— Hurrah pour l'homme gris! dirent quelques buveurs.

La voix de cet homme était brève, cassante, métallique. Son œil jetait des flammes.

— Et moi je ne veux pas! dit Williams furieux.

Et il leva son poing énorme.

Son bras siffla dans l'air comme une masse et s'abattit sur l'homme gris.

Mais d'un bond celui-ci se jeta en arrière, esquiva l'assommeur, et Williams, qui avait réuni toutes ses forces dans ce coup de poing, perdit un moment l'équilibre et chancela sur ses jambes.

Ce fut rapide et foudroyant comme l'éclair.

L'homme gris se baissa, bondit la tête en avant,

et cette tête allant frapper le matelot en pleine poitrine, le renversa.

Williams tomba comme un bœuf sous la massue.

Certes, en ce moment, l'homme gris aurait pu profiter de sa victoire, et poser un pied vainqueur sur la poitrine de son adversaire; il aurait pu même tirer son couteau et le planter dans la gorge de Williams, sans que personne y trouvât à redire, tant les hommes à l'état de nature ont le sentiment et le respect de la force brutale.

Mais l'homme ne profita point de sa victoire et attendit.

Williams se releva en rugissant.

Cette fois, il brandissait son couteau.

L'homme gris n'avait pas ouvert le sien.

Williams se rua sur lui.

L'homme gris se jeta une seconde fois de côté, le saisit à bras le corps, l'enleva de terre comme une plume et le rejeta meurtri sur le sol, avant qu'il eût pu faire usage de son arme qui lui échappa des mains dans sa chute.

Alors l'homme gris posa son pied sur le couteau et promena autour de lui un regard tranquille et fier.

Ce regard rencontra celui du bon Shoking.

Le mendiant, pâle et frémissant, s'était approché de l'Irlandaise, et l'Irlandaise le reconnaissant, avait poussé un cri de joie et s'était jetée à son cou.

— Je te confie cette femme, lui dit l'homme gris, et que tout le monde le sache ici, je la prends sous ma protection.

Alors éclatèrent de toute part, dans la salle, des applaudissements frénétiques, tandis que Williams se relevait péniblement.

Mais soudain les applaudissements cessèrent ; ceux qui hurlaient se turent, et Williams, qui allait se précipiter de nouveau sur son adversaire, s'arrêta en chemin.

Un nouveau personnage apparaissait en ce moment en haut de ces marches humides et sales qui descendaient dans la taverne.

Et, à la vue de ce personnage, il y eut comme un frémissement de respect, d'admiration et de honte à la fois parmi ces voleurs, ces prostituées et ces hommes grossiers qui, jusque-là, ne s'étaient inclinés que devant la force

Un jeune homme au long et pâle visage, aux cheveux blonds tombant en boucles sur ses épaules, un homme d'à peine trente ans, grand, mince, vêtu de noir, si frêle et si délicat en apparence qu'on eût dit une femme sous un vêtement masculin, un jeune homme descendit lentement l'escalier et dit d'une voix grave :

— Mes frères, Dieu l'a dit, celui qui tue sera tué. Au lieu de se haïr, les hommes doivent s'aimer et s'entr'aider.

Et Williams, le féroce matelot, tomba à genoux, et les filles perdues courbèrent la tête, les voleurs s'inclinèrent avec confusion, et la pauvre Irlandaise crut que Dieu envoyait un de ses anges pour la délivrer.

Ce jeune homme à l'œil bleu, au front inspiré, qui parlait d'amour et charité dans ce repaire, c'était un prêtre.

Un prêtre catholique, un prêtre Irlandais, bien connu des matelots, car il avait été aumônier d'un vaisseau et n'avait point pâli ni devant la mitraille qui balayait le pont, ni devant la tempête, qui souvent avait menacé d'engloutir navire, matelots et passagers.

Il était bien connu encore de toute cette misérable population du Wapping, qui l'avait vu, pendant le dernier choléra, porter partout des secours et des consolations, bien que ce ne fût pas sa paroisse et qu'il fût de celle de Saint-Gilles.

On le nommait Samuel,

Il marcha droit à Williams, qui s'était agenouillé humblement devant lui, et lui dit :

— C'est pour toi que je suis venu ici.

On m'a dit que tu maltraitais une femme, et comme tu n'es méchant que lorsque tu es pris de vin, j'ai pensé que ma présence te ramènerait à la raison.

— Pardonnez-moi, vous qui êtes bon, murmura le matelot.

Le prêtre regarda la pauvre femme que Shoking soutenait dans ses bras :

— Qui êtes-vous? lui dit-il.

— Oh! répondit-elle, prenez pitié de moi, sauvez-moi, monsieur... Rendez-moi mon enfant...

— Votre enfant?

— On m'a séparé de lui, dit-elle, on me l'a pris.

— Ne craignez rien, ma chère, dit Shoking : votre enfant, je sais où il est, moi; ne vous ai-je pas conduite dans cette maison?... Oh! par Saint-Georges... croyez-moi, il faudra bien qu'on nous le rende!

L'Irlandaise eut un cri de joie et répéta avec un accent qui tenait du délire :

— Mon fils! ils me rendront mon fils!

Et elle se mit à baiser les mains du prêtre.

— Vous êtes Irlandaise, lui dit celui-ci, je le reconnais à votre accent.

— Oui, répondit-elle.

— Moi aussi, dit le prêtre. Dieu sauve l'Irlande, notre mère !

Puis il regarda l'homme gris.

— Et vous, dit-il, vous que je vois pour la première fois, vous qui avez protegé cette femme, qui donc êtes-vous ?

Alors cet homme, qui tout à l'heure avait promené autour de lui un œil dominateur, cet homme devant qui tous ces autres hommes avaient tremblé, abaissa son front et son regard devant le regard calme et limpide de ce jeune homme que Dieu avait choisi pour son ministre...

L'homme fait se courba devant l'homme si jeune et si frêle encore qu'on eût dit un enfant, et il répondit d'une voix humble et frémissante d'émotion :

— Je serai votre esclave, si vous daignez me le permettre.

Puis il fléchit un genou devant le jeune prêtre et lui baisa respectueusement la main.

XII

Que se passa-t-il alors ?

C'est ce qu'il est difficile de raconter ; mais, une heure après, la taverne était vide.

Matelots, femmes perdues, voleurs s'étaient esquivés un à un comme s'ils eussent senti que leur présence n'était plus possible dans ce lieu sanctifié par le prêtre.

Mistress Brandy elle-même faisait silence derrière son comptoir.

L'abbé Samuel était toujours debout, regardant, à la pâle lueur des chandelles qui fumaient éparses sur les tables, le pâle et beau visage de l'Irlandaise que Shoking et l'homme gris soutenaient dans leurs bras, tant elle était brisée par l'horrible scène que nous racontions naguère.

— Ainsi, disait le jeune prêtre, vous arrivez d'Irlande ?

— Oui, répondit-elle.

— Avec votre enfant ?

— Un amour de petit garçon, murmura le brave Shoking.

— Est-ce la misère qui vous a poussée, comme la plupart de nos frères d'Irlande, à quitter votre pays et à venir chercher fortune à Londres ?

— Non, dit-elle, j'obéis à un devoir sacré.

Le prêtre tressaillit.

— Je viens à Londres, reprit-elle d'une voix mourante, parce qu'il faut que je sois demain à la messe de huit heures, à Saint-Gilles.

— Est-ce un vœu ? fit le prêtre, qui tressaillit encore.

Alors elle le regarda avec une étrange expression de confiance et d'abandon.

— Oh ! dit-elle, je sens bien que vous êtes un de ces hommes que Dieu a faits saints et à qui on peut tout révéler.

— Parlez, dit le prêtre d'une voix grave.

— Je suis une pauvre paysanne, reprit-elle, la fille d'un pêcheur de Drogheda, un petit port au nord de Dublin.

Je ne sais rien sur la mission que mon époux mourant m'a confié, mais je tiendrai le serment que je lui ai fait.

— Quel est ce serment ?

— Oh ! dit-elle, pour que vous me compreniez, il faut que je vous dise mon histoire.

Shoking et l'homme gris s'assirent sur un banc,

le prêtre lui prit les deux mains, et alors, en ce bouge enfumé, devenu solitaire et silencieux, elle leur fit le récit suivant :

— Notre cabane était au bord de la mer, au pied d'une falaise. Pendant les nuits d'orage, à la marée haute, le flot venait battre notre porte.

Mon père était veuf, et j'étais son unique enfant.

Il allait à la pêche, je raccommodais ses filets et nous avions bien de la peine à vivre.

Quelquefois, mon père s'engageait pendant deux ou trois mois sur un grand bateau qui allait à Terre-Neuve à la pêche de la morue.

Alors je restais seule, et chaque matin, en m'éveillant, je regardais au loin sur la mer, pour voir si la barque pontée qui l'avait emmené ne reparaissait pas à l'horizon.

Une nuit d'hiver, une nuit de tempête, j'étais à genoux, priant Dieu pour les marins en détresse, car la mer mugissait avec furie et le vent faisait rage, une nuit, on frappa à la porte de notre cabane.

J'étais seule depuis près de trois mois.

Je crus que c'était mon père qui revenait et je courus ouvrir.

Ce n'était pas mon père.

Un étranger, un inconnu, le front entouré de bandelettes sanglantes, entra vivement en me disant :

— Au nom de Dieu, au nom de l'Irlande notre mère, pour qui mon sang vient de couler, sauvez-moi, cachez-moi...

Je ne le regardai même pas ; je ne vis qu'une chose, c'est qu'il était blessé, mourant ; je n'entendis qu'une parole, le nom sacré de notre patrie, l'Irlande, et je le fis entrer.

Au lointain, à travers les mugissements de l'orage, on entendait retentir des coups de feu.

Je ne savais rien de ce qui se passait hors de notre petit port ; cependant je me souvins que des pêcheurs, la veille, avaient dit devant moi que les opprimés s'étaient levés contre les oppresseurs ; que las de souffrir, les pauvres Irlandais se révoltaient contre les Anglais leurs tyrans ; que plusieurs villages, dans le Nord, s'étaient insurgés ; enfin qu'il était arrivé des troupes royales et des vaisseaux de Sa Majesté la reine pour réduire une fois encore la pauvre Irlande à la soumission et au silence.

Je pris soin du blessé ; je le fis coucher dans le lit de mon père, après lui avoir donné à boire, car il mourait de soif.

Pendant toute la nuit, je demeurai à genoux, priant pour l'Irlande et tressaillant d'épouvante au moindre bruit ; car il me semblait toujours que les habits rouges allaient venir, qu'ils s'empareraient de cet homme à qui j'avais donné un refuge, et qu'ils le tueraient sous mes yeux.

Le jour vint.

Je sortis furtivement alors de ma cabane et j'allai jusqu'au port.

Là, j'appris les événements de la nuit.

Il y avait eu une grande bataille entre les insurgés et les habits rouges.

Après une lutte acharnée ceux-ci étaient demeurés vainqueurs.

Les insurgés dispersés, écrasés, découragés, avaient fui vers les montagnes.

Des soldats anglais avaient traversé la ville au petit jour en jurant comme des damnés et disant que, malgré la victoire, leur journée était perdue, puisqu'il n'avaient pu prendre le chef des révoltés.

Je revins en toute hâte.

Quelque chose me disait que ce chef qu'ils cherchaient, c'était lui.

Pendant plusieurs semaines, pendant plusieurs

mois, il demeura caché dans notre pauvre maison.

Je partageais avec lui mon pain noir et mes pommes de terre et nous faisions ensemble des vœux pour l'Irlande.

Il était jeune, il était beau; il avait le regard de l'homme qui a l'habitude de commander aux autres.

A ces mots, l'Irlandaise baissa la tête.

— Comment ne l'aurai-je pas aimé? dit-elle. Un soir, il me prit les mains et me dit :

— Jenny, tu es non-seulement mon ange sauveur, mais peut-être qu'un jour tu auras été sans le savoir la libératrice de l'Irlande.

Mon père revint ; il accueillit le pauvre proscrit, comme je l'avais accueilli moi-même.

Un jour cet homme voulut nous quitter.

— Je suis pauvre, nous dit-il, et vous avez bien de la peine à vivre. Je ne veux pas vous être à charge plus longtemps.

Quand je vis qu'il allait partir, mon cœur se fendit.

Je me jetai à ses genoux et je lui fis l'aveu de mon amour.

Il me releva et me dit :

— Moi aussi, je t'aime. Je t'aime depuis longtemps et je voudrais être un simple pêcheur à la seule fin de devenir ton époux.

Mais tu ne sais pas qui je suis, mon enfant; tu ne sais pas que l'Angleterre m'a condamné à mort, qu'elle a mis ma tête à prix et que peut-être, le lendemain de notre union, il te faudrait porter des habits de deuil.

— Eh bien! m'écriai-je, qu'importe que vous soyez proscrit! Tel qu'il est, j'accepte votre sort. Si vous mourez, je saurai mourir avec vous.

Il me prit dans ses bras, son cœur battit sur le mien, nos lèvres s'unirent, et ce fut par une froide nuit d'hiver, où les étoiles brillaient au ciel, que le Dieu de l'Irlande nous fiança.

Le lendemain, un vieux prêtre nous bénit.

Alors mon époux se mit à travailler avec mon père de son rude état de pêcheur, et plusieurs mois s'écoulèrent.

Les habits rouges étaient partis, et, comme disent les lords, l'Irlande, une fois encore, était tranquille.

Je devins mère.

Quand mon fils naquit, mon époux le prit dans ses bras et me dit:

— Cet enfant sera peut-être un jour le sauveur de l'Irlande.

Ce qu'il disait, je le croyais, comme si Dieu lui-même m'eût parlé.

A cet endroit de son récit, l'Irlandaise étouffa un sanglot et essuya ses yeux plein de larmes.

— Continuez, mon enfant, lui dit Samuel d'une voix grave.

XIII

L'Irlandaise reprit :

— Les cheveux de mon enfant commençaient à pousser.

Ils étaient presque noirs, bien qu'à cet âge et dans notre pays, les enfants soient généralement blonds.

Un jour, son père et moi, nous remarquâmes qu'au milieu de ses cheveux châtains croissait une mèche de cheveux roux.

Mon époux jeta un cri de joie.

— Oh ! chère créature, me dit-il en m'embrassant, j'avais donc raison de te dire que tu serais peut-être un jour la libératrice de l'Irlande.

Et comme je ne comprenais rien à ces paroles, il poursuivit :

— Jenny, écoute bien ce que je vais te dire.

Aujourd'hui je ne suis plus qu'un pauvre pêcheur, vivant obscur et heureux auprès de toi.

Demain, il peut se faire que je te quitte, que je te dise un adieu éternel.

Je joignis les mains avec effroi.

— Demain, reprit-il, l'Irlande aura peut-être encore besoin de moi. Alors je repartirai et je reprendrai cette épée que j'avais laissé tomber sur le dernier champ de bataille.

Serai-je vainqueur ?

Me sera-t-il donné de délivrer enfin notre malheureuse patrie, ou bien cette tâche glorieuse est-elle réservée à notre enfant ?

Dieu seul le sait !

Mais retiens bien mes paroles, quoi qu'il advienne, quand l'année 186... sera venue, il faut que ton enfant et toi vous quittiez l'Irlande.

— Où irons-nous donc ? demandai-je.

— A Londres, chez tes maîtres et tes oppresseurs. Là, tu te présenteras le 27 octobre, à huit heures du matin, à l'église Saint-Gilles, tu feras approcher ton fils du sanctuaire, et lorsque le prêtre descendra de l'autel, tu lui diras : « Je vous amène celui que vous attendez. »

— Je le ferai ainsi que vous me le commandez, lui répondis-je avec soumission.

Plusieurs années s'écoulèrent ; il était toujours auprès de nous, vivant comme un simple pêcheur, et bien qu'il fût mon époux, je n'avais jamais osé lui demander rien de son passé.

Un soir, des hommes que nous ne connaissions pas, que nous n'avions jamais vus, mon père et moi, vinrent heurter à la porte de notre chaumière.

En les voyant, il eut un cri de joie :

— Ah ! dit-il, enfin je vous revois !

Quels étaient ces hommes?

Il ne nous le dit pas, mais il partit avec eux, disant :

— L'Irlande a besoin de nous.

Ni mes larmes, ni les caresses de son enfant ne purent le retenir.

En me quittant, il me pressa dans ses bras avec effusion et me dit :

— Souviens-toi de la promesse que tu m'as faite. A Saint-Gilles, le 27 octobre 186...

— Oui, lui répondis-je en pleurant.

Quelques jours après, l'Irlande était en feu de nouveau.

Les villages se révoltaient un à un, et les troupes royales étaient battues sur plusieurs points.

Mais avec de l'or on a des soldats et l'Angloterre a de l'or ; et quand un soldat est tombé, elle le remplace ; et quand les premiers et les seconds sont morts, les troisièmes arrivent ; et quand l'Angleterre veut, m'a-t-on dit, elle couvre l'Océan de ses vaisseaux.

L'Irlande a des soldats, mais elle n'a pas d'or. Elle n'a même pas de pain.

Cependant elle résista longtemps encore ; mais le pauvre Irlandais qui tombait n'était pas remplacé, et comme dans la lutte ils étaient un contre cent, la victoire, une fois de plus, resta aux dominateurs de l'Irlande.

Qu'était-il devenu, *lui ?*

Je pris mon fils dans mes bras, je m'en allai à pied, sous le soleil et sous la pluie, jusque dans cette grande ville qu'on appelle Dublin.

Une foule immense parcourait les rues ; les tambours battaient, les cloches sonnaient, et quand je demandai pourquoi tout ce monde et tout ce bruit, on me répondit :

— C'est la sentence de mort, prononcée par la haute cour martiale, qu'on va mettre à exécution.

Je frissonnai, un nuage passa devant mes yeux.

Un homme du peuple me dit encore :

— On va pendre les chefs de l'Insurrection.

En ce moment, mon cœur se serra, mes tempes

se mouillèrent, un horrible pressentiment m'assaillit.

J'étais entraînée, portée par la foule, et j'avais bien de la peine à tenir mon fils au-dessus de ma tête pour qu'il ne fût pas étouffé.

J'aurais voulu reculer que je ne l'aurais pu.

Je fus portée ainsi par ce flot humain jusque sur une grande place.

C'était là que se dressaient la potence et la hideuse plate-forme.

Je jetai un cri, je voulus fuir; mais le courant m'entraîna presque au pied de l'échafaud.

Je voulus fermer les yeux; une force invincible et mystérieuse me contraignit à les garder ouverts, et je les levai vers la plate-forme, sur laquelle, en ce moment, montaient les condamnés.

Soudain un nouveau cri m'échappa...

Oh! ceux qui l'ont entendu n'ont pu l'oublier, car mon âme et ma vie s'envolaient avec ce cri.

Le premier condamné qui venait de monter sur la plate-forme, c'était *lui*.

Lui, qui me vit, et me cria :

« — Souviens-toi! »

Que se passa-t-il alors?

Je ne l'ai jamais su. Mes yeux se fermèrent; et

quand je les rouvris, la nuit s'était faite, la foule avait disparu ; j'étais loin de cette place où *il* était mort pour l'Irlande, et un homme que je ne connaissais pas portant mon fils endormi sur ses épaules, m'entraînait dans la campagne déserte.

J'étais comme folle et je suivais cet homme sans chercher à savoir qui il était et où il m'emmenait.

Au bout d'une heure de marche, le vent qui vient de la mer fouetta mon visage et il me sembla reconnaître le chemin de mon village.

Alors mon guide inconnu me dit :

— A présent, tu n'as plus rien à craindre, femme. Les tyrans de l'Irlande n'iront point chercher ton fils dans ta cabane pour le mettre à mort, ce qu'ils ne manqueraient pas de faire s'ils savaient qui il est.

Va-t-en et *souviens-toi*.

Et il s'éloigna.

Cet homme savait donc, lui aussi, quel serment j'avais fait à celui qui venait de mourir pour l'Irlande !

L'Irlandaise s'arrêta encore, et elle essuya les larmes qui inondaient son visage.

Alors, se jetant aux pieds du jeune prêtre :

— Maintenant que vous savez tout, dit-elle, au

nom de Dieu, au nom de celui qui est mort, au nom de l'Irlande, notre mère commune, venez à mon aide!... car il faut que je retrouve mon enfant avant demain, car il faut que je sois à Saint-Gilles... car...

L'abbé Samuel arrêta l'Irlandaise d'un geste :

— Je suis le prêtre, dit-il, qui doit demain matin célébrer la messe à Saint-Gilles.

— Vous! dit-elle en levant sur lui un regard avide.

— Moi, dit-il, et je vous attendais.

— Mon fils! exclama la pauvre mère, mon fils! où est mon fils?

— Nous le retrouverons, répondit le prêtre.

Puis se tournant vers Shoking et l'homme gris, il leur dit :

— Vous, mes amis, vous allez venir avec nous, n'est-ce pas?

Vous allez nous aider à retrouver cet enfant.

— Oh! je crois bien, dit Shoking, et ce ne sera pas difficile.

— Je suis prêt à vous suivre, fit l'homme gris d'un signe de tête.

— Cet enfant que nous cherchons, cet enfant qu'il nous faut retrouver à tout prix, ajouta le prêtre, c'est celui que l'Irlande attend!

Mais comme ils allaient sortir de la taverne, un nouveau personnage se montra en haut des marches de l'escalier, et, et à sa vue, le prêtre tressaillit et jeta un regard plein d'une mystérieuse inquiétude à ses compagnons.

XIV

Ce nouveau venu n'avait pourtant rien d'effrayant à première vue.

C'était un petit homme un peu obèse, tout à fait chauve, vêtu comme un gentleman parcimonieux, c'est-à-dire portant des habits usés, mais d'une bonne coupe et parfaitement brossés.

Il avait un gros diamant au doigt et trois gros diamants à sa chemise.

Le diamant est une valeur, et cela ne s'use pas.

Ses joues rouges, son nez légèrement épaté, ses lèvres lippues, ses petits yeux gris n'avaient rien de féroce ; on eût dit un bon bourgeois qui a fait sa fortune, ne demande plus rien aux affaires et caresse secrètement l'ambition de devenir quelque jour alderman, quelque chose comme membre du corps municipal de la cité de Londres.

Cependant, cet homme qui n'avait rien d'extraordinaire ni dans sa personne, ni dans son maintien, ni dans son costume, ne traversait pas une rue de Londres impunément. Un frisson parcourait tout le corps de ceux qui le voyaient passer, et souvent on entendait un Anglais dire à son voisin :

— Dieu vous garde d'avoir jamais affaire à M. Thomas Elgin !

Jadis l'usurier était un petit homme sale, vêtu d'une houppelande, portant des chaussons de lisière et un bonnet de nécromancien.

La tradition voulait qu'il fût juif, logeât en un taudis sordide, et laissât pousser indéfiniment ses ongles.

M. Thomas Elgin, comme on a pu le voir, n'était rien de tout cela.

D'abord, il était habillé comme tout le monde, habitait une maison à deux étages dans Oxford-street, faisait ses courses en cab, déjeunait et dînait confortablement, et était non-seulement chrétien, mais encore membre du conseil de la paroisse.

Ce qui n'empêchait pas M. Thomas Elgin d'être un usurier de la pire espèce, la terreur de la ville entière, agglomération ou cité, — ce qui justifiait ce singulier salut que s'adressaient souvent deux commerçants :

— Portez-vous bien et Dieu vous garde de Thomas Elgin !

Car il prêtait toujours, le digne homme ; et ceux qui n'eussent pas trouvé un shilling partout ailleurs, trouvaient un sac de guinées chez lui.

Il avait même coutume de dire :

— Les gens qui prétendent qu'il y a des débiteurs insolvables sont des imbéciles ! Avec moi, tout le monde finit par payer, et je n'ai jamais eu de non-valeurs.

Le petit commerçant, le boutiquier gêné qui avait le malheur de s'adresser à Thomas Elgin, était un homme perdu par avance.

Il avait beau payer, payer encore et toujours, il était à tout jamais l'homme-lige, l'esclave de Thomas Elgin.

Tel était celui qui s'aventurait ainsi dans le *Black-horse*, c'est-à-dire dans la taverne du Cheval-Noir, et dont l'apparition avait fait tressaillir l'abbé Samuel.

— Hé ! hé ! monsieur l'abbé, dit Thomas Elgin en s'avançant vers le prêtre, si l'on m'avait dit hier soir que je vous trouverais ici en semblable compagnie, je me serais mis à rire.

— Monsieur, répondit le prêtre avec dignité, les gens de mon ministère vont partout où leur devoir les appelle.

— Mille pardons, si je vous ai blessé, monsieur l'abbé, reprit Thomas Elgin d'un ton dégagé ; je n'en avais pas l'intention, croyez-le bien. Et puis, ces choses-là ne me regardent pas... J'ai tort de m'en mêler... Pardonnez-moi... pardonnez-moi. A propos, je viens pour ma petite affaire... Je me suis présenté souvent à votre domicile, mais il paraît que les prêtres catholiques sont fort occupés, qu'on ne les trouve jamais...

— Monsieur, dit l'abbé Samuel, ce que vous dites-là est vrai pour moi depuis une quinzaine de jours. J'ai passé deux semaines au chevet d'un mourant, ne le quittant que pour aller dire ma messe.

— Ce qui fait que depuis quinze jours, vous n'êtes pas rentré chez vous.

— En effet.

— Vous avez tort, monsieur l'abbé, grand tort...

— Pourquoi?

— Mais parce que les gens de justice ont marché pendant ce temps-là, et quand ils marchent, ils vont vite... savez-vous?

— Mais, monsieur...

M. Thomas Elgin était sans doute fatigué, car il s'assit, tandis que le prêtre demeurait debout devant lui.

— Voyons, il faut être juste, reprit-il. Vous êtes venu m'emprunter cent livres pour les besoins de votre église, il y a près d'un an. Il y a un mois que votre lettre de change est échue...

— Monsieur, dit le jeune prêtre, je vous ai écrit pour vous demander un délai de deux mois.

— Je ne dis pas non.

— Je vous jure que dans deux mois vous serez payé. J'ai donné l'ordre de vendre en Irlande le peu de terre qui me reste, et cette vente aura lieu au premier jour.

— Ta, ta, ta! fit M. Thomas Elgin, les terres d'Irlande, je connais ça! on ne trouve pas d'acquéreurs; et si on en trouve, ils n'ont pas d'argent. Je vous engage bien à vous retourner d'un autre côté, mon cher monsieur l'abbé.

— Que vous importe, pourvu que vous soyez payé?

— Oh! c'est vrai, dit M. Thomas Elgin, c'est votre affaire et non la mienne.

Et il se leva et fit un pas de retraite.

Un rayon de joie passa dans les yeux de l'abbé

Samuel; il crut que le tigre s'était laissé adoucir.

— Ainsi, dit-il, vous m'accordez le sursis de deux mois?

— Qui a dit cela? fit l'usurier d'un ton moqueur.

— Mais, monsieur, je vous jure que vous serez payé...

— Je le souhaite pour vous, monsieur l'abbé.

— Ainsi... vous me refusez?...

— Moi! je ne refuse rien et n'accorde pas davantage... Voyez votre solicitor. Peut-être trouvera-t-il un moyen d'allonger la procédure...

— Je n'ai pas de solicitor, dit le prêtre. Je suis trop pauvre pour aller voir les gens de justice.

— Alors, tant pis pour vous, monsieur l'abbé. C'est votre affaire et non la mienne... Bonsoir!

Et cet homme s'en alla.

L'abbé Samuel courut après lui :

— Monsieur, disait-il, au nom du ciel... je vous en prie, accordez-moi un délai...

Thomas Elgin montait tranquillement les marches de l'escalier.

Le prêtre le suivait toujours.

Shoking et l'homme gris, donnant le bras à l'Irlandaise, montaient derrière lui.

Ils arrivèrent ainsi dans le public-house.

Alors ils s'aperçurent que la nuit était passée et que le jour était venu.

Le brouillard qui estompait les toits voisins était rouge et transparent, preuve que le soleil se levait.

Le prêtre demandait toujours un délai, et M. Thomas Elgin marchait toujours devant.

Ce qui fit que l'usurier et son débiteur se trouvèrent tout à coup hors du public-house.

Alors le prêtre aperçut un cab à la porte.

En même temps deux hommes de mauvaise mine en sortirent et Thomas Elgin dit en ricanant :

— Je crains bien que vous ne disiez pas votre messe aujourd'hui, monsieur l'abbé.

Les deux hommes s'approchèrent du prêtre stupéfait et lui mirent insolemment la main sur l'épaule.

— Conduisez monsieur à White-Cross, dit Thomas Elgin, la procédure est en règle.

White-Cross est la prison pour dettes de la cité.

Alors l'abbé Samuel jeta un regard rempli de désespoir à Shoking et à l'homme gris et leur dit :

— Au nom du ciel, mes amis, retrouvez l'enfant !

— Je vous le jure, répondit l'homme gris.

— Ah ! misérable ! dit Shoking en montrant le poing à l'usurier.

Thomas Elgin haussa les épaules et s'éloigna tandis que les deux hommes forçaient l'abbé Samuel à monter dans le cab.

L'Irlandaise était tombée à genoux et priait.

. . . .

XV

Le prêtre parti sous la conduite des deux agents chargés de le conduire à White-Cross, l'Irlandaise était demeurée avec l'homme gris et le bon Shoking.

Elle avait prié et elle pleurait, la pauvre femme à qui on promettait de lui rendre son enfant.

Shoking dit :

— Il n'y a pas de temps à perdre, il faut retourner dans Dudley-street et reprendre l'enfant.

— Sans doute, répondit l'homme gris ; mais il

ne faut pas compromettre par trop de précipitation le succès de l'entreprise. Montons d'abord dans un cab.

— Ce sera d'autant plus facile, dit Shoking, que j'ai de l'argent.

Il fit sonner ses guinées avec une certaine complaisance.

Puis il prit l'Irlandaise par le bras et lui dit :

— Venez, ma chère ; dans une heure vous verrez votre fils.

— Oh ! si vous alliez me tromper ! s'écria la pauvre mère.

— Non, non, dit Shoking, vous verrez...

A Paris on ne trouve les voitures de place qu'à des stations déterminées, et pour en rencontrer sur la voie publique, il ne faut pas être dans un quartier quelque peu excentrique. A Londres, c'est tout différent.

Que vous soyez dans le Wapping ou dans Belgrave-square, sur la route de Sydenham ou dans Mild-en-Roal, vous ne ferez pas un quart de mille sans rencontrer un cab.

L'homme gris et Shoking ramenèrent donc l'Irlandaise dans Wellclose-square et trouvèrent une voiture à quatre places à la porte de ce même public-house où Betsy la mendiante avait reçu un si joli coup de poing du matelot Williams.

L'homme gris fit monter l'Irlandaise et s'assit à côté d'elle, tandis que Shoking, placé au rebours, leur faisait vis-à-vis.

— Dudley-street, cria ce dernier au cabman.

Le cab partit.

Alors l'Homme gris dit à Shoking :

— Il faut maintenant raisonner froidement, et voir pourquoi on a séparé cette femme de son enfant. Laissez-moi l'interroger ; peut-être parviendrai-je à comprendre.

Et il se mit à questionner l'Irlandaise.

Celle-ci ne savait rien de plus que ce que savait Shoking lui-même.

Elle avait rencontré sur le *Penny-Boat* mistress Fanoche, qui avait fait mille caresses à son fils; puis elle l'avait retrouvée au moment où elle, Jenny, sortait de Lawrence-street, et elle avait fini par accepter l'hospitalité qu'on lui offrait

Tout ce qu'elle savait, c'est que, à peine avait-elle mis son fils au lit, un étourdissement l'avait prise, suivi d'un impérieux besoin de dormir.

Après, elle ne se souvenait plus de rien.

— Montrez-moi votre langue, lui dit l'homme gris.

L'Irlandaise obéit.

— Bon! dit-il, vous avez pris un narcotique, et votre sommeil a été si profond qu'on a pu vous transporter jusque dans Wellclose-square sans que vous vous soyiez éveillée.

Or, si on a agi ainsi, c'est qu'on voulait vous séparer de votre enfant.

Pourquoi? je l'ignore à présent, mais nous le saurons.

— Je crois, dit le bon Shoking en serrant les poings, que je boxerais cette femme comme si c'était un homme, tant je suis furieux contre elle.

— Tranquillisez-vous, ma chère, reprit l'homme gris s'adressant toujours à l'Irlandaise, vous pensez bien que si on vous a volé votre enfant, ce n'est pas pour lui faire du mal. Qui sait? dans cette immense ville de Londres, il y a des gens riches qui ont des fantaisies si bizarres. Peut-être cette femme veut-elle adopter votre fils.

— Oh! non, dit l'Irlandaise, elle tient une pension.

— Ah!

— J'ai vu des petites filles chez elle, et qui ont grand'peur. Il y en a une qui a dit à mon fils : « Si tu restes ici, tu seras battu! »

— Ah! elle lui a dit cela?

— Oui.

L'homme gris tomba en une rêverie profonde, et l'Irlandaise continua à verser des larmes silencieuses.

Le cab roulait rapidement.

Il arriva dans Fleet-street, puis dans le Strand, et en moins de trois quarts d'heure, après avoir traversé Leicester-square, il atteignait le quartier irlandais dont la plus belle rue est Dudley-street, et la plus noire, la plus étroite et la plus triste, Lawrence-street.

L'homme gris tira le cordon qui correspondait au petit doigt du cabman.

— Arrêtez-vous là, dit-il.

On était alors à l'entrée de Dudley-street.

Puis, le cab arrêté, l'homme gris dit à Shoking :

— Quel est le numéro de la maison ?

— 35, répondit Shoking, qui avait pris ce numéro en note pour lord Palmure.

— C'est bien ! Attendez-moi.

— Oh ! dit l'Irlandaise, est-ce que vous allez nous laisser ici ? Pourquoi ne m'emmenez-vous pas ? Est-ce que ce n'est pas à moi à réclamer mon fils ?

— Mon enfant, répondit l'homme gris, qui exerçait déjà une mystérieuse autorité sur l'Irlandaise, écoutez-moi bien...

— Parlez, dit-elle avec égarement.

— Ici quiconque a de l'argent est le maître, quiconque n'en a pas subit la loi du premier.

— C'est partout comme ça, dit Shoking, qui frappa sur son gilet et par conséquent sur ses guinées.

L'homme gris continua :

— Si on vous a pris votre fils, c'est qu'on veut le garder, et pour le ravoir, il faut user de ruse encore plus que de force ; la force ne vaut rien pour ceux qui n'ont pas d'argent.

— Mais j'en ai, moi, dit Shoking.

— Toi ! dit l'homme gris en souriant, tu es un brave garçon et un imbécile.

Et il sauta hors du cab et recommanda au cocher de ne pas quitter l'entrée de la rue.

Alors l'homme gris s'en alla, sans se presser, jusqu'au numéro 35, passa et repassa devant la maison, l'examinant avec un soin scrupuleux.

— Pauvre femme ! pensa-t-il en songeant à l'Irlandaise, comme son cœur doit battre d'impatience !

Et au lieu de sonner à la porte de la maison, il passa outre,

7.

Presque en face il y avait un public-house.

L'homme gris y entra.

Il demanda un verre de brandy et dit à la fille qui le servit :

— Connaissez-vous mistress Fanoche ?

— Oui, répondit la fille de comptoir, mistress Fanoche envoie souvent chercher un pot de bière, ici.

— Où demeure-t-elle ?

— Là... au numéro 35, cette jolie maison, vous voyez ?

— Oui.

L'homme gris prit un air naïf et bonhomme :

— Si je vous demande ça, fit-il, c'est parce que j'ai une petite fille que je voudrais mettre en pension.

La demoiselle de comptoir se tourna vers le land-lord qui était gravement assis devant le poêle.

Celui-ci se leva, vint à l'homme gris et le regarda attentivement.

— Vous avez pourtant l'air d'un brave homme, dit-il.

— Je le crois bien, fit l'homme gris.

— Eh bien ! suivez mon conseil, ne mettez pas votre fille chez mistress Fanoche,

— C'est pourtant une maîtresse de pension.

— Non, c'est une *nourrisseuse d'enfants.*

Ce mot fut pour l'homme gris une révélation tout entière sans doute.

— Bon! murmura-t-il, je comprends!

Et il jeta un penny sur le comptoir et sortit du public-house.

Une fois dans la rue, il continua son chemin et ne revint pas à la porte de mistress Fanoche.

— Voyons, se dit-il, si je ne pourrais pas recueillir d'autres renseignements par hasard.

Et il se mit à examiner les passants.

Il en vit un qui longeait le trottoir de gauche, le nez au vent, de l'air d'un homme qui cherche aventure.

C'était un grand gaillard, très-brun de visage, bien qu'il eût les cheveux roux, et aussi mal vêtu que possible, quoiqu'il fût aisé de voir que c'était un ouvrier et non un mendiant.

L'homme gris le regarda.

Surpris de cet examen, cet homme s'arrêta.

Alors l'homme gris éleva sa main gauche jusqu'à son front et fit le signe de la croix avec le pouce.

C'était sans doute un signe de mystérieuse reconnaissance, car l'homme vint droit à lui, répéta le signe et lui dit :

— Frère, que veux-tu ?

Alors l'homme gris répéta avec le pouce de la main droite le signe de la croix qu'il avait fait avec celui de la gauche.

Et le passant s'inclina et dit encore :

— Maître, tu peux parler. J'obéirai.

Le premier signe de croix voulait dire : « Nous sommes égaux devant un même secret. »

Le second signe signifiait : « Dans toute association mystérieuse, il y a des hommes qui obéissent et d'autres qui commandent. Je suis de ceux-ci. »

— Que faut-il faire ? demanda le passant.

— Me suivre, répondit l'homme gris.

Et, rebroussant chemin, il se dirigea vers le cab où Shoking avait bien de la peine à retenir l'Irlandaise, qui redemandait toujours son fils avec des cris et des larmes.

Le passant le suivit sans mot dire.

XVI

L'homme gris s'approcha du cab.

— Comment ! lui dit Shoking qui l'avait vu

passer sans entrer devant le numéro 35, vous n'avez donc pas trouvé?

Au lieu de répondre à Shoking, l'homme gris s'adressa à l'Irlandaise.

— Ma bonne, lui dit-il, je ne vous demande pas si vous aimiez votre fils et si vous donneriez en ce moment tout votre sang pour l'avoir.

— Oh! mon sang et ma vie! dit-elle.

— Eh bien! reprit l'homme gris avec un accent si solennel que la pauvre mère en tressaillit, écoutez-moi bien, écoutez-moi sérieusement, avec calme, si vous voulez revoir votre fils.

Ses larmes s'arrêtèrent subitement, elle attacha son regard sur le visage de l'homme gris et se suspendit pour ainsi dire à ses lèvres.

Celui-ci reprit :

— La femme chez qui vous avez été est une nourrisseuse d'enfants, ou plutôt une voleuse. Elle a voulu vous voler votre fils, non pour lui faire du mal, oh! rassurez-vous, mais pour le vendre à quelque famille à la recherche d'un héritier.

L'Irlandaise voulut parler. L'homme gris l'arrêta d'un geste.

— Écoutez encore, dit-il. Votre fils ne court donc aucun danger, et il est certain que ceux qui l'ont en leur pouvoir sont bien tranquilles, et qu'ils ne s'attendent pas à vous revoir.

Or, si vous vous présentez avec nous, ils cacheront l'enfant, et en vertu du droit anglais qui fait le domicile inviolable, ils appelleront les policemen qui vous mettront à la porte et vous ne verrez pas votre fils.

— Mon Dieu ! fit-elle en joignant les mains avec terreur.

L'homme gris continua :

— Je sais bien que vous vous adresserez à un magistrat de police, et que celui-ci ordonnera une enquête. Mais combien de temps durera-t-elle? A Londres, la justice ne va pas vite.

L'Irlandaise se tordait les mains.

— Il faut donc, si vous voulez revoir votre fils tout de suite...

— Si je le veux !

— Il faut que vous m'obéissiez, mais aveuglément, et que, ce que je vous demanderai, vous le fassiez.

— Oui, dit-elle, je vous obéirai, je vous le jure ; dites, que faut-il faire?

— Il faut rester là, dans cette voiture.

— Seule?

— Avec Shoking d'abord ; il est possible que je me mette à une fenêtre de cette maison.

— Eh bien ? fit Shoking.

— Alors, lui dit l'homme gris, tu viendras. Mais il faut que cette femme demeure là.

— C'est bien, dit Shoking, qui comprenait qu'il avait affaire à un homme aussi sage et aussi prudent qu'il était brave et fort.

Puis avisant le passant dont, avec un signe de croix, l'homme gris s'était fait un esclave :

— Prenez garde ! dit-il, on nous écoute.

L'homme gris se prit à sourire :

— Il est avec nous, fit-il. Allons, c'est convenu, n'est-ce pas ?

— Oui.

— Si je t'appelle, tu viendras.

— Oui.

— Oh ! dit l'Irlandaise en lui prenant la main, rendez-moi mon fils, et je vous bénirai !

L'homme gris fit signe à son compagnon, et tous deux s'éloignèrent du cab et se dirigèrent vers la maison de mistress Fanoche.

Le premier avait boutonné son habit jusqu'au menton, posé son chapeau sur le côté gauche de la tête, et le passant l'avait imité.

A Londres, comme à Paris, comme partout. il y a deux polices.

Une police municipale, en uniforme, les policemen;

Une police secrète que les criminels et les voleurs ne reconnaissent pas toujours à première vue, car ses agents empruntent tous les déguisements.

Selon le quartier, l'agent déguisé est gentleman ou *rough,* c'est-à-dire homme de la basse classe.

En boutonnant son habit, en posant son chapeau d'un air cynique, l'homme gris se donnait aussitôt la tournure d'un homme de police.

La mauvaise mine de celui qui l'accompagnait complétait l'illusion.

L'homme gris sonna.

Pendant quelques minutes la porte demeura close; puis enfin, des pas retentirent à l'intérieur, et la serrure grinça.

Mais la porte ne s'ouvrit pas.

Seul, un petit guichet grillé laissa voir un long nez armé de bésicles.

— Qui est là et que veut-on? demanda une voix rogue.

— Mistress Fanoche? dit l'homme gris.

— C'est ici, mais elle n'y est pas.
— Ça ne fait rien, ouvrez...
— Qui êtes-vous ?
— Ouvrez ! répéta l'homme gris.

Son accent était impérieux. La vieille dame osseuse, car c'était elle, hésita un moment. Mais enfin, elle ouvrit, car elle crut tout d'abord que c'était pour *affaires* que cet homme se présentait.

La porte ouverte, l'homme gris se glissa à la hâte dans la maison et son compagnon le suivit.

A la vue de ce dernier et de ses haillons, la vieille dame eut peur.

Elle jeta un cri.

Mais l'homme gris referma aussitôt la porte et lui dit :

— Prenez garde de faire du bruit, il pourrait vous arriver malheur.

— Qui êtes-vous? que me voulez-vous? répéta-t-elle avec effroi.

La porte du parloir était entr'ouverte, l'homme gris la poussa tout à fait.

Il aperçut les quatre petites filles assises autour d'un métier à broder et travaillant avec ardeur, ces pauvres petits anges, car le terrible fouet de la vieille dame était en évidence sur la cheminée.

A la vue de ces deux hommes, les enfants témoignèrent plus de curiosité que de frayeur; et les regardèrent attentivement.

Alors l'homme gris se tourna vers la vieille dame :

— Vous n'êtes pas mistress Fanoche? dit-il.

— Non.

— Où est-elle?

— En voyage.

— Ah! et l'Irlandaise Jenny, où est-elle?

A ce nom, la vieille dame tressaillit.

— Je ne sais pas ce que vous voulez dire! fit-elle.

— Madame, reprit l'homme gris, hier, à l'entrée de la nuit, un homme, une femme et un enfant sont venus ici.

— Vous vous trompez, dit la vieille dame.

— L'homme s'en est allé, mais la femme et l'enfant sont restés.

La dame aux besicles demeura impassible.

— Je ne sais pas ce que vous voulez dire! fit-elle.

Et elle jeta un regard terrible aux petites filles, comme pour leur intimer la discrétion.

Mais l'homme gris surprit ce regard.

Trois des petites filles avaient baissé la tête,

mais la plus âgée, celle qui la veille avait parlé au petit Irlandais tout bas, regarda l'homme gris avec assurance.

Celui-ci s'approcha d'elle et lui dit :

— N'est-ce pas, mon enfant, qu'il est venu ici un homme, et avec lui une jeune dame et un petit garçon ?

— Oui, monsieur, répondit courageusement la petite fille.

— Oh ! la vilaine menteuse ! s'écria la vieille dame, prise d'une fureur subite.

Et elle saisit son fouet et le leva sur l'enfant.

Mais le bras levé ne retomba point.

Le poignet de fer de l'homme gris l'avait saisi au passage, et l'étreinte fut si rude que la vieille dame jeta un cri de douleur et laissa échapper son instrument de supplice.

Et la tenant à distance, l'homme gris dit encore à la petite fille :

— Parlez, mon enfant. Ils sont donc venus ici ?

— Oui, monsieur.

— Ils ont soupé ?

— Oui, monsieur.

— Et puis ?

— On les a menés coucher là.

Et elle indiquait la porte qui se trouvait au fond du parloir.

L'homme gris fit un signe à son compagnon, qui alla ouvrir cette porte.

La chambre était vide.

— Où sont-ils donc maintenant ?

— Je ne sais pas, monsieur.

— Vous ne les avez pas vus ce matin ?

— Non.

— La dame, peut-être, mais le petit garçon ?

— Lui non plus.

— Et mistress Fanoche, où est-elle ?

— Je ne sais pas, monsieur.

— Petite misérable ! disait la vieille dame, en proie à une terreur furieuse, je te ferai mourir sous le fouet.

— Vous, dit l'homme gris, prenez garde que je ne vous étrangle.

Et il la jeta sur un fauteuil, ajoutant :

— Si vous avez le malheur de crier, ce sera fait !

Puis il ouvrit une des fenêtres du parloir et se pencha en dehors.

C'était le signal convenu avec Shoking.

XVII

Deux minutes après, Shoking arrivait, et, sur un signe de l'homme gris, l'homme en haillon allait lui ouvrir la porte.

La vieille dame, renversée dans le fauteuil où l'avait jetée l'homme gris, avait cru devoir fermer les yeux et entrer en syncope.

Quant aux petites filles, elles riaient.

Shoking, en entrant, chercha des yeux le petit garçon et ne le vit pas.

L'homme gris lui dit :

— J'ai peur qu'on ait déniché l'oiseau.

Et s'adressant à la plus âgée des petites filles :

— Vrai, mon enfant, dit-il, vous n'avez pas vu le petit garçon ce matin ?

— Non, monsieur.

— Ni mistress Fanoche ?

— Non, monsieur.

— Mais vous reconnaissez bien ce monsieur ? ajouta-t-il en désignant Shoking.

— Oh ! oui.

La vieille dame était prise de convulsions et se livrait à des sauts de carpe dans son fauteuil.

— Madame, lui dit l'homme gris, je vais vous laisser ici sous la garde de cet homme, et je lui ordonne de vous étrangler si vous criez ou si vous essayez de fuir.

Quant à vous, mes enfants, dit-il encore en se tournant vers les petites filles, si vous êtes bien sages, je vous promets que nous vous protégerons contre cette vilaine femme et que vous ne serez plus battues.

Puis il fit un signe à Shoking qui sortit avec lui du parloir, tandis que l'homme en guenilles s'installait auprès de la vieille dame, prêt à la saisir à la gorge si elle cherchait à s'échapper pour appeler au secours.

Shoking et l'homme gris se prirent alors à fouiller la maison dans tous les sens.

Ils descendirent dans le sous-sol, visitèrent la cave, parcoururent le rez-de-chaussée et les deux étages et ne trouvèrent rien.

La servante, mistress Fanoche et l'enfant avaient disparu.

Alors tous deux se regardèrent muets, consternés, la sueur au front.

Derrière la maison, il y avait un petit jardin,

et ce jardin avait une porte qui donnait sur une ruelle.

L'homme gris cru avoir trouvé la clef du mystère.

— C'est par là sans doute qu'elle est partie, emmenant l'enfant, dit-il à Shoking.

Ils revinrent au parloir.

La vieille dame avait rouvert les yeux, mais elle se tenait tranquille sous la surveillance de son gardien.

De temps en temps elle jetait un regard furibond aux petites filles toutes tremblantes, puis elle levait les mains au plafond, semblant prendre le ciel à témoin de cette violation flagrante de son domicile.

L'homme gris dit aux petites filles :

— Mes enfants, allez-vous-en jouer dans le jardin, vous avez vacance pour ce matin.

Du moment où la vieille dame tremblait devant cet inconnu, c'est qu'il était le maître.

Les pauvres petites ne se le firent pas répéter : elles sortirent du parloir et, quelques secondes après, on entendait retentir le petit jardin de leurs ébats.

Alors l'homme gris ferma les portes et revint à la vieille dame anéantie.

— Ma chère, lui dit-il, avez-vous entendu parler de *Mil-Banck* ou de *Newgate ?* Ce sont de belles prisons où on met les criminels. Et tout me porte à croire que vous allez bientôt faire connaissance avec l'une ou l'autre.

— Faites de moi ce que vous voudrez, répondit-elle d'une voix mourante. Mais je prends le ciel à témoin...

— Nous avons un cab à la porte, poursuivit l'homme gris; nous allons vous porter dedans et vous conduire chez le magistrat de police, si vous ne nous dites pas où est le petit Irlandais.

— Je ne sais pas, répondit-elle.

— Vous le savez !

— Tuez-moi si bon vous semble, dit-elle, mais je ne parlerai pas... je ne sais rien...

— Si nous l'étranglions ? dit Shoking.

— Soit, fit l'homme gris qui pensa que cette menace aurait plus d'action que le nom du magistrat de police.

Shoking prit sa cravate et la passa au cou de la vieille dame.

Elle jeta un cri sourd ; mais elle avait une énergie surprenante, cette vieille, et elle répéta :

— Tuez-moi, si vous voulez. Je ne dirai rien.

Shoking fit un nœud à la cravate.

— Serre, dit l'homme gris.

La vieille dame jeta un nouveau cri, plus sourd, plus étouffé que le premier.

Mais tout à coup la sonnette de la porte intérieure retentit violemment.

Et la main de Shoking, qui déjà faisait autour du cou de la vieille dame l'office d'une manivelle, s'arrêta.

L'homme gris et les deux compagnons se regardèrent.

En même temps la vieille dame fit un effort suprême et se dégagea en criant :

— A moi ! au secours !

Shoking se jeta sur elle et la saisit à la gorge.

Un nouveau coup de sonnette se fit entendre.

Alors l'homme gris courut à la fenêtre et à travers les stores qui étaient baissés, il regarda dans la rue.

Un coupé de maître était à la porte de la maison ; et un gentleman entre deux âges, qui en était descendu, tenait encore le bouton de la sonnette.

En même temps, deux policemen qui se trouvaient dans la rue, voyant qu'on tardait à ouvrir, s'étaient rapprochés.

L'homme gris comprit le danger.

8

— Venez, dit-il, filons !

Et il s'élança vers le jardin.

Shoking et l'homme en guenilles le suivirent.

La clef était dans la serrure de la petite porte ; l'homme gris l'ouvrit et tous trois s'échappèrent au grand étonnement des petites filles.

. . . .

Alors, quand ils furent dans la ruelle, l'homme gris dit à Shokling :

— Nous ne retrouverons pas l'enfant aujourd'hui, mais nous le retrouverons, tu peux t'en fier à moi.

Il tira de sa poche une bank-note de dix livres et la lui donna.

— Voilà, dit-il, de quoi trouver un logement à l'Irlandaise, que tu vas rejoindre.

— Bon, dit Shoking.

Et il prit la bank-note.

— Tu la consoleras, tu lui donneras de l'espoir, car je te le répète, nous retrouverons son enfant. Mistress Fanoche l'a emmené, mais nous retrouverons mistress Fanoche.

— Est-ce que vous ne venez pas avec moi ? demanda Shoking.

— Non.

— Mais...
— Il faut que je rejoigne l'abbé Samuel.
— Ce prêtre catholique ?
— Oui.
— Mais il est en prison.
— J'irai aussi.
— Mais si vous y allez, vous n'en sortirez plus.
— Je te donne rendez-vous demain à quatre heures précises, dans la gare intérieure de Charing-Cross.
— Vrai, vous y serez ?
— Quand je promets quelque chose, je tiens toujours.

Et l'homme gris donna une poignée de main à Shoking, ajoutant :

— Suis la ruelle jusqu'au bout, tu tourneras sur la place des Sept-Cadrans, tu reviendras dans Dudles-ytreet, où tu as laissé l'Irlandaise et le cab.

Shoking s'éloigna en murmurant :

— Pauvre femme ! que vais-je donc lui dire ?

Quant à l'homme gris, il remonta la ruelle en sens inverse.

Il arriva à Oxford.

Alors, s'adressant à l'homme aux guenilles qui le suivait toujours :

— Frère, dit-il, tu vas retourner dans Dudley-street.

— Oui, fit cet homme.

— Tu te tiendras à distance. Tu observeras la voiture demeurée à la porte de la maison d'où nous nous sortons.

— Après?

— Et quand cette voiture s'en ira, tu la suivras.

— Oui, dit encore l'homme en guenilles.

— Tu sauras ainsi le nom du gentleman, et tu viendras me le dire.

— Où?

— Demain, dans la gare de Charing-Cross.

L'homme en guenilles salua, et son maître mystérieux se perdit dans la foule des piétons et des voitures qui encombrait Oxfort-street.

Qu'était donc devenu le petit Irlandais?

C'est ce que nous allons vous dire.

XVIII

Où étaient mistress Fanoche et le petit Ralph?

Pour le savoir, il nous faut rétrograder de quelques heures, et nous reporter à ce moment de la nuit précédente où Wilton et le cabman avaient consenti à aller noyer la pauvre Irlandaise au pont de Londres.

Mistress Fanoche était demeurée sur sa porte quelques minutes, jusqu'à ce que le hanson qui emportait l'Irlandaise évanouie se fût effacé dans le brouillard.

Alors elle était rentrée et avait refermé sa porte avec soin.

Puis, comme le voleur qui se plaît à contempler l'objet volé, elle était retournée dans la chambre où le petit Ralph dormait toujours.

L'enfant avait, comme sa mère, absorbé dans sa tasse de thé quelques gouttes de laudanum et cela expliquait pourquoi il ne s'était point éveillé lorsque Wilton était entré pour emporter l'Irlandaise sur ses épaules.

L'enfant dormait toujours.

Mistress Fanoche se prit à le regarder et murmura :

— C'est tout à fait cela ; il me semble même, tant le hasard est bizarre, qu'il a quelque ressemblance avec le major Waterley.

Voilà des parents que je vais rendre bien heureux.

— Oh ! bien heureux en effet, ricana une voix au seuil de la chambre.

8.

Mistress Fanoche se retourna.

C'était la vieille dame osseuse qui avait couché les petites filles et revenait.

— Eh bien! dit-elle, où est la mère?

— Partie.

— Ah! ah! fit la dame aux bésicles, vous allez vite en besogne, ma chère.

— N'est-ce pas?

— Ce Wilton est un homme bien précieux, en vérité.

— C'est ce que je me suis toujours dit, répliqua mistress Fanoche.

— Regardez donc, Anna, comme il est joli, ce petit-là.

— A croquer, dit la vieille avec une voix moqueuse et cruelle.

Mistress Fanoche reprit le flambeau qu'elle avait posé sur la cheminée.

— Venez par ici, dit-elle, en se dirigeant vers le parloir, nous avons à causer, ma chère.

— Il est tard, dit la vieille, nous causerons demain... Allons nous coucher.

Un éclair de colère passa dans les yeux de mistress Fanoche.

— Vieille imbécile! dit-elle, croyez-vous pas

que je vous paye pour que vous ne fassiez que boire, manger et dormir?

— Merci bien! dit la femme osseuse avec aigreur; vous ne vous ruinez pas pour moi; et cependant, si vous ne m'aviez, je ne sais ce que deviendrait votre maison. Les petites ne craignent que moi.

— Soit, dit mistress Fanoche, mais je vous le répète, nous avons à causer.

— Eh bien! parlez, alors.

Sur ces mots, qu'elle prononça avec la résignation d'un bull-dogue qu'on met à la chaîne, la dame aux bésicles reprit sa place dans son grand fauteuil, au coin de la cheminée, et attendit qu'il plût à mistress Fanoche de lui adresser la parole de nouveau.

Celle-ci reprit :

— Il faut voir maintenant ce que nous allons faire de cet enfant, ma chère.

— Vous le savez aussi bien que moi, gronda la vieille dame.

— Permettez...

Et mistress Fanoche parut réfléchir.

— Ma chère, dit-elle enfin, miss Émily et son mari arrivent dans quinze jours.

— Bon!

— Ce n'est pas trop de temps devant nous pour dresser le petit.

— J'ai mon fouet, dit la vieille dame.

Et elle prit au coin de la cheminée un martinet à deux branches, qu'elle se mit à faire siffler avec une complaisance cruelle.

Mistress Fanoche haussa les épaules :

— Vous ne serez jamais qu'une vieille bête, dit-elle.

Ce compliment fit faire un soubresaut à la dame osseuse et ses bésicles glissèrent jusque sur l'extrémité de son nez pointu, où elles ne s'arrêtèrent que par miracle.

— Oui, oui, grogna-t-elle, insultez-moi, bafouez-moi.... c'est votre droit après tout, puisque je mange votre pain.

Mistress Fanoche parut peu sensible à ce reproche et poursuivit :

— Vous n'êtes pas intelligente, ma chère. Que pour avoir la paix, nous rossions d'importance un tas d'enfants pour lesquels on nous paye pension et que jamais on ne nous réclamera, c'est bien.

— Pour faire quelque chose des enfants, il faut qu'ils soient battus, dit la vieille dame.

— Cela dépend; mais celui-là, on nous le réclamera dans quelques jours.

— Eh bien ?

— Et au lieu de le maltraiter, il faut le soigner, le cajoler, le gâter.

— A quoi bon?

— D'abord ce sera un moyen de lui faire oublier sa mère.

— Après?

— Ensuite, il me paraît avoir une certaine volonté et une raison au-dessus de son âge.

— Ah! vraiment? ricana la vieille dame.

— Je suis donc d'avis de le traiter avec douceur.

— Alors vous vous en chargerez, vous!

— Il y a mieux; je n'ai pas envie de le laisser ici.

— Pourquoi donc?

— D'abord, quand il s'éveillera, il demandera sa mère et se mettra à pleurer, à crier, à faire un tel vacarme que tout le quartier en prendra l'alarme.

— Et mon fouet ? dit la longue femme osseuse, qui fit de nouveau siffler son martinet.

— Mais, triple brute, dit mistress Fanoche, puisque je veux le mener par la douceur.

— Ah! c'est juste, ricana la vieille. Alors, comment le ferez-vous taire ?

— Je vais l'emmener d'ici.

— Quand ?

— Cette nuit même.

— Et où l'emmènerez-vous ?

— A Hampsteadt, où, vous le savez ; j'ai acheté une petite maison de campagne avec mes économies.

Elle est dans un quartier à peu près désert, le jardin est grand, l'air y est pur ; l'enfant s'y portera comme un charme.

J'emmènerai Mary avec moi ; Mary lui donnera le fouet, si besoin est, les deux ou trois premiers jours ; moi je le comblerai de caresses. Avec ce régime, nous l'aurons apprivoisé en moins d'une semaine.

Quand miss Émily arrivera, ce sera un agneau ; il ne parlera plus de sa mère, et sautera au cou de la belle dame en l'appelant « maman. »

— En vérité, ricana la vieille dame, ce serait touchant, et je m'en sens tout attendrie.

— Vous, poursuivit mistress Fanoche ; vous resterez ici. Vous prendrez soin de la maison comme si j'y étais.

— Vous savez que je suis honnête, dit la dame ;

à qui la perspective d'être seule et maîtresse ne déplaisait pas absolument.

— Maintenant que les choses sont convenues ainsi, acheva mistress Fanoche, vous pouvez aller vous coucher.

— Et vous partez, vous?

— Oui.

— Quand?

— Mais tout de suite.

— Fort bien, dit la vieille dame, qui prit son bougeoir et fit à mistress Fanoche une révérence.

Quand elle fut au seuil du parloir, elle se retourna et dit en soupirant :

— C'est égal, j'aurais volontiers donné le fouet à ce petit garçon, il avait des façons de me regarder qui me déplaisaient fort.

Et elle s'en alla.

Alors mistress Fanoche ouvrit la porte qui, du vestibule, donnait dans le sous-sol, et appela :

— Mary!

— Voilà, madame, répondit une voix.

En même temps des pas se firent entendre dans le petit escalier qui montait de la cuisine, et Mary parut.

— Nous allons à Hampstead, ma chère, lui dit mistress Fanoche.

— A cette heure-ci ?

— Oui, ma chère. Allez retenir un cab.

La servante se dirigea, sans répliquer, vers la porte de la rue, et mistress Fanoche retourna à la chambre où dormait toujours le petit Irlandais.

XIX

Les narcotiques sont d'autant plus puissants que l'organisme de ceux qui les absorbent est plus faible.

Le sommeil léthargique de l'Irlandaise avait duré quatre heures environ.

Celui de son fils devait être évidemment beaucoup plus long.

Mistress Fanoche avait calculé tout cela.

Tandis que Mary allait chercher un cab, la nourrisseuse d'enfants prit le petit Irlandais à bras le corps et le sortit du lit.

L'enfant ne s'éveilla pas.

Alors mistress Fanoche se mit à le rhabiller; puis, quand ce fut fini, elle le recoucha sur son lit, et attendit le retour de la servante.

Elle n'attendit pas longtemps.

Quelques secondes après, une clef tourna dans

la serrure et le bruit d'une voiture vint mourir à la porte.

C'était Mary qui revenait.

Mary était une robuste Écossaise de quarante-cinq ans, au regard dur et farouche, qui servait mistress Fanoche peut-être autant par goût que par intérêt.

Cruelle par nature, elle se plaisait à voir souffrir les innocentes créatures que mistress Fanoche élevait à coups de fouet.

Mary complétait dignement ce trio de bourreaux en jupons qui vivait dans Dudley-street.

Impassible et sourde, quand il le fallait, Mary n'ignorait rien des crimes qui se commettaient dans cette mystérieuse maison.

Mais on l'eût mise à la torture qu'elle n'eût rien avoué.

— Est-ce que nous allons noyer aussi celui-là? dit-elle en entrant dans la chambre.

— Non, dit mistress Fanoche. On ne noie pas un enfant qui peut rapporter encore un millier de livres.

En même temps, mistress Fanoche crut prudent d'aller parlementer un peu avec le cocher.

Quand on prend un cabman sur la voie publique, un cabman qu'on ne connaît pas, il est toujours bon de faire prix avec lui, d'abord.

Ensuite mistress Fanoche avait besoin d'écarter tout soupçon de l'esprit de celui qui allait voir lancer dans sa voiture un enfant si parfaitement endormi, qu'on aurait pu croire qu'il était mort.

Elle s'avança donc sur le seuil de la porte et dit :

— Hé ! cabman ?
— Milady ? répondit le cocher.
— Avez-vous un bon cheval ?
— Excellent.
— Tant mieux, car la nuit est bien froide, et mon pauvre petit finirait par s'enrhumer, si nous restions longtemps en route.
— Cela dépend où nous irons, milady ?
— A Hampstead : combien de milles ?
— Près de quatre, milady.
— Quel est le prix de la course, mon cher ? Je suis une pauvre veuve qui n'est pas riche, et qui est obligée de faire des économies.
— Vous me donnerez une couronne, milady, et six pence en plus, si vous êtes trois.
— Soit, mais vous nous mènerez bon train.
— Il n'y a pas deux trotteurs comme le mien dans Londres, répondit le cocher avec orgueil.

Mistress Fanoche rentra dans la maison, mit son chapeau, s'enveloppa dans une bonne pelisse bien chaude, et dit à Mary :

— Partons.

L'Écossaise avait roulé l'enfant, qui dormait toujours, dans un grand plaid qui le couvrait tout entier et ne laissait voir que son visage.

— Pauvre petit! dit le cabman en le regardant, comme il dort bien.

Mistress Fanoche ouvrit la portière du cab, puis, tandis que Mary montait et posait l'enfant sur ses genoux, elle ferma soigneusement la porte.

Après quoi, elle s'installa à son tour dans le cab, et dit au cabman :

— En route !

— Quelle rue d'Hampstead? demanda le cabman.

— Dix-huit, Heath-Mount, répondit mistress Fanoche.

Le cab partit.

Le cocher ne s'était point vanté. Son cheval était excellent.

En moins d'une heure il arriva à Hampstead, et quelques minutes après, il s'arrêta dans Heath-Mount, ce qui veut dire la *montée des bruyères*.

C'est une large avenue, bordée de cottages et de grandes maisons de campagne.

Vivant l'été, ce quartier est inhabité en hiver.

Le cab s'arrêta devant une grille, au travers de laquelle on apercevait un jardin planté de grands arbres, et à demi cachée par eux, une petite maison en briques dans le fond.

Mistress Fanoche descendit la première, paya le cocher et, au lieu de six pence de supplément, lui donna un shilling. Puis elle tira une clé de sa poche et ouvrit la grille.

L'Écossaise tenait toujours l'enfant dans ses bras.

— Hé! madame, dit-elle, au moment où elles traversaient le jardin après avoir soigneusement fermé la grille, je crois qu'il va s'éveiller.

—Ah! dit mistress Fanoche.

— Il s'agite dans mes bras.

— C'est bien, répondit la nourrisseuse. Maintenant il peut s'éveiller et crier si bon lui semble, nous sommes chez nous.

— Et il n'éveillera pas les voisins, dit l'Écossaise en riant, car il n'y en a guère par ici.

Le jardin traversé, mistress Fanoche tira de sa poche une seconde clef et ouvrit la porte de la maison.

C'était un véritable petit cottage anglais.

Deux pièces en bas, deux en haut, un sous-sol et un deuxième étage mansardé.

Tout cela propre, luisant, avec un poêle de porcelaine dans le vestibule et des meubles de noyer verni au parloir.

A peine la porte était-elle refermée, à peine les deux femmes s'étaient-elles procuré de la lumière, que l'enfant, que l'Écossaise portait toujours, poussa un profond soupir, s'agita et laissa glisser sur ses lèvres entr'ouvertes ce mot :

« Maman. »

Puis il ouvrit les yeux.

L'Écossaise venait de s'étendre sur un lit de repos.

— Maman ! répéta le petit Irlandais en regardant autour de lui.

Le parloir de la maison d'Hampsteadt ressemblait à tous les parloirs du monde, et Ralph crut tout d'abord qu'il était dans cette même salle où sa mère et lui avaient soupé en compagnie des petites filles.

Il vit mistress Fanoche, et la reconnut.

— Où est maman ? répéta-t-il.

— Elle dort, dit mistress Fanoche.

Ralph se leva et avec cette impitoyable mémoire des enfants :

— Pourquoi donc suis-je habillé? dit-il.

Mistress Fanoche ne répondit pas.

— Où est maman? dit l'enfant pour la troisième fois.

— Je vais la chercher, dit mistress Fanoche.

Et elle sortit, échangeant un regard avec l'Écossaise, à qui, pendant le voyage, elle avait fait sa leçon.

— Pourquoi suis-je habillé? dit encore l'enfant en regardant l'Écossaise.

— C'est votre mère qui vous a habillé, répondit Mary.

— Où est-elle?

— Là-haut.

— Je veux la rejoindre.

Et l'enfant marcha résolument vers la porte. Mais l'Écossaise lui barra le passage.

— Vous allez rester ici, dit-elle.

— Et si je ne veux pas, moi? fit-il avec un accent de volonté qui fit tressaillir l'Écossaise.

— Vous resterez !

L'enfant frappa du pied.

— Je veux rejoindre ma mère ! dit-il.

Et il essaya d'écarter l'Écossaise qui s'était placée devant la porte.

Elle le repoussa durement; l'enfant revint à la charge. Alors la brutale créature leva la main et lui donna un soufflet.

L'enfant poussa un cri de rage, se rua sur elle et mordit cette main qui l'avait frappé.

— Ah! maudit garnement! s'écria l'Écossaise, tu vas avoir affaire à moi, petit brigand, je vais te corriger!

Et elle tira de dessous ses jupes un martinet semblable à celui de la vieille dame osseuse, et elle le leva sur Ralph, répétant :

— Petite canaille, je vais avoir soin de toi.

Le martinet siffla, retomba sur les reins du petit Irlandais et Ralph jeta un cri de douleur.

XX

Laissons maintenant le malheureux enfant au pouvoir de ses tyrans en jupons, la pauvre Irlandaise désolée avec Shoking qui la consolait de son mieux, mais inutilement, et pénétrons dans un public-house bien connu dans la Cité et qu'on appelle *Relay-last-tavern*, ce qui veut dire, ou à peu près, le cabaret du dernier relai, ou la dernière étape, si vous préférez.

En face est un édifice carré, d'aspect assez triste, avec des fenêtres grillées, une façade en carton-pâte, imitant la pierre taillée en pointe de diamants, avec deux pavillons en retour sur la rue, et une manière de pelouse de deux mètres de large protégée par une petite grille.

Cet établissement haut de trois étages et qui ressemble à tout, couvent, hôpital, collège ou prison, dont on n'a qu'une faible idée par ce qu'on voit au dehors, c'est White-Cross, la prison pour dettes de la Cité.

L'un des pavillons sert d'entrée aux prisonniers.

L'autre est le logement très-confortable du gouverneur.

En face est le *Relay-last-tavern*.

C'est là que le malheureux débiteur qui va donner son corps en garantie de sa dette, boit le dernier verre de stout, ou bière brune, et trinque avec les recors qui l'ont appréhendé; là que les parents en larmes viennent lui dire adieu, là que chaque jour, de deux à trois heures, ceux qui ont permission d'entrer dans la prison pour aller voir un ami, un père, un fils détenu, entrent pour attendre que les portes s'ouvrent.

C'est là enfin que miss Penny, son panier à la main, vient acheter du jambon, des sandwich, de l'ale ou du porter pour ses clients.

Qu'est-ce que miss Penny?

C'est la fille de master Goldmitsch, le geôlier.

Elle a seize ans, elle est petite, fluette, noire comme un pruneau, éveillée comme une souris et leste comme un singe.

Elle fait les commissions des détenus, prélève pour sa peine un penny sur l'argent qu'ils lui donnent pour leurs acquisitions, et ce salaire modeste lui a valu le sobriquet qui a fini par remplacer son nom.

Miss Penny entre dix fois par jour dans Relaylast.

Outre les recors, outre les parents des détenus, il y a toujours là des oisifs qui ne sont pas fâchés de savoir ce qui se passe dans White-Cross.

Miss Penny babille comme un merle; c'est une chronique vivante, une gazette qui paraît une demi-douzaine de fois par jour.

Elle a des récits touchants et qui font venir les larmes aux yeux, et des récits burlesques qui provoquent des éclats de rire.

Presque toujours rires et larmes se suivent.

Miss Penny entremêle une histoire gaie avec une histoire triste, et quand elle entre dans le public-house, on fait cercle autour d'elle et master Colson, le land-lord, pose gravement le numéro du *Times* ou du *Morning-Post* qu'il lisait attentivement.

Ce jour-là, — celui-là même où l'homme gris s'était séparé de Shoking en lui confiant l'Irlandaise, — miss Penny était en train de faire pleurer son auditoire, tandis que la femme du land-lord lui emplissait son panier des provisions demandées.

Elle racontait comment les détenus avaient vu arriver parmi eux un jeune homme si brave, si doux, au regard inspiré, et si résigné en sa tristesse, qu'on eût dit un ange à qui Dieu a confié une pénible mission.

Ce jeune homme, dont elle parlait, c'était un prêtre, et ce prêtre, on le devine, n'était autre que l'abbé Samuel.

Il n'avait parlé à personne de la cause première de son incarcération; mais un détenu qui l'avait reconnu s'était chargé de ce soin, et il avait fait avec une éloquence simple et naïve l'apologie du jeune prêtre.

S'il devait, c'est qu'il avait emprunté pour son église et pour les pauvres, à qui il avait donné déjà la dernière obole de son patrimoine ; c'est que, par amour pour son prochain, il avait eu le courage de s'adresser à cette bête féroce qu'on appelait Thomas Elgin.

Tous les détenus avaient pleuré, — et maintenant les quinze ou vingt personnes réunies dans le public-house pleuraient pareillement en écoutant miss Penny.

Mais la petite, sans le savoir, comprenait à merveille l'art dramatique ; elle savait qu'il faut faire rire après avoir fait pleurer et que le succès est à ce prix.

Aussi de l'abbé Samuel passa-t-elle à sir Cooman, l'honorable gouverneur de la prison.

Midlesex, Newgate, Milbank, sont des prisons criminelles et sont gouvernées par un colonel.

White-Cross est une prison pour dettes ; elle n'a rien à voir avec l'État, et dépend entièrement du commerce.

Par conséquent, son gouverneur est un négociant, ancien alderman la plupart du temps.

Sir Cooman était un petit homme aux cheveux bouclés et grisonnants, propre, luisant, vêtu de noir, tiré à quatre épingles, méthodique et régulier.

Sir Cooman avait coutume de dire que le peuple anglais est le plus grand de tous les peuples, la ville de Londres la plus belle ville du monde, la Cité le plus beau quartier de Londres, White Cross la prison la plus confortable, et l'institution de la contrainte par corps la plus belle des institutions.

Sir Cooman était le disciple fervent, l'esclave, le pontife de la tradition.

Ce qui se passait hier, devait inévitablement se passer aujourd'hui, demain et les jours suivants; depuis deux heures, au dire de miss Penny, sir Cooman était l'homme le plus étonné, le plus abasourdi, le plus désolé des trois royaumes.

Master Goldmitscht, son geôlier fidèle, disait encore miss Penny, l'avait vu pleurer de rage et s'arracher sa belle chevelure chinchilla, qu'il faisait friser tous les matins avec un soin extrême.

D'où provenait tant de douleur?

C'est qu'un fait inouï, sans précédents, venait de se produire à White-Cross.

De mémoire de détenu, de mémoire d'Anglais, de mémoire de geôlier et de gouverneur, il y avait toujours eu un Français dans la prison pour dettes de White-Cross, quelquefois deux, mais toujours un.

Quand il en sortait un, c'est qu'un autre y était entré la veille.

Or, disait miss Penny en riant, le Français est sorti.

— Pas possible? exclama le land-lord.

— C'est la pure vérité, cependant.

— Mais il y en a un autre?

— Pas d'autre. Sir Cooman se croit déshonoré. Il a parlé sérieusement d'aller se jeter dans la Tamise.

— Allons donc!

— Sa femme, le voyant en cet état, poursuivit l'espiègle jeune fille, n'a pas voulu qu'il se fît la barbe ce matin.

— Pourquoi ça?

— Parce qu'elle craignait qu'il ne se coupât la gorge.

— Aôh! fit la salle tout entière.

— Le Français a tout payé? demanda alors un homme à qui personne jusque-là n'avait fait attention, et qui vidait tranquillement un flacon de stout dans un coin du box des gentlemen.

— On a payé pour lui. Mais le gouverneur était si désolé qu'il ne voulait pas le laisser partir

— En sorte, fit l'inconnu en souriant que si on n'arrête pas un autre Français, sir Cooman est capable de s'abandonner au plus affreux désespoir,

— Oh! très-certainement.

— Ah! fit cet homme.

Et il but un nouveau verre de bière brune et ne se mêla plus à la conversation qui était devenue générale, et qui ne fut point interrompue par l'arrivée d'un nouveau personnage.

C'était une autre jeune fille.

Mais non plus une enfant rieuse et mutine, comme miss Penny, et proprement et coquettement vêtue même.

C'était une grande et pâle jeune personne, habillée de noir, d'aspect misérable et dont les traits, encore beaux, respiraient la souffrance, dont les grands yeux bleus avaient été rougis par les veilles et les larmes.

Elle était si triste, si digne, que l'inconnu à la bière brune tressaillit en la voyant et se prit à la regarder avec attention.

Or, cet homme qu'on voyait pour la première fois dans le public-house de Relay-last, c'était notre ami l'homme gris qui cherchait alors à pénétrer dans White-Cross pour y rejoindre l'abbé Samuel.

La jeune fille s'assit tristement sur le petit banc qui était placé dans le box des gentlemen.

Alors l'homme gris s'approcha d'elle et lui dit :

— Vous paraissez bien affligée, ma chère demoiselle?

Elle tressaillit, leva sur lui ses grands yeux mélancoliques et une voix secrète lui dit, en ce moment, qu'elle venait de rencontrer un ami.

XXI

L'homme gris prit alors la main de la jeune fille.

— Pourquoi venez-vous ici? lui demanda-t-il.

— Je viens attendre mon père, répondit-elle.

— Votre père?

— Oui.

— Est-ce qu'il est là-bas,... est-ce qu'il va en sortir?

Et il montrait à travers les vitres du public-house les noires murailles de White-Cross.

Elle secoua la tête et leva les yeux au ciel.

— Non, dit-elle, il va y entrer.

— Ah!

— Les recors l'ont arrêté ce matin, comme il sortait d'une maison de Rotherithe, où il était caché depuis son jugement. Ils l'ont mis dans une voiture et ils vont l'amener.

Elle parlait d'une voix bien émue, la pauvre enfant; mais elle avait tant pleuré déjà que ses yeux étaient secs et n'avaient plus de larmes.

— Comment se fait-il donc, lui demanda l'homme gris, que vous soyez venue ici avant lui?

— Parce que mon pauvre père est plein d'illusions, dit-elle. Il croit trouver de l'argent. Il doit, du reste, une somme si minime : vingt-cinq livres, monsieur. Pour de certaines gens, ça n'est rien... mais pour nous, maintenant, c'est énorme... Mon père s'imagine toujours que nous sommes encore au temps où nous avions notre boutique dans Fleet-street, et où on nous considérait comme de notables commerçants. Mais quand le malheur arrive, il va vite. En trois ans, nous avons été ruinés. On a tout vendu chez nous. Nos autres créanciers nous ont fait grâce, mais M. Thomas Elgin s'est montré impitoyable.

— Ah! vous aussi, dit l'homme gris, vous avez eu affaire à M. Elgin?

— Oui, monsieur,

— Et votre père a peut-être espéré le fléchir?

— C'est-à-dire qu'il a tant prié, tant supplié les recors qu'ils ont consenti à le conduire chez M. Thomas Elgin avant de l'amener ici. Il demeure loin de Rotherithe, M. Elgin, dans Oxfort-street, auprès de Kinsington-garden, il y a au moins trois milles.

Mon père espère fléchir M. Elgin; mais moi je sais bien qu'il n'obtiendra rien. Alors, je suis venue ici, pour l'attendre et l'embrasser encore une fois.

Et, résignée en sa sombre douleur, la jeune fille appuya son front dans ses deux mains, et l'homme gris vit une grosse larme, larme unique qui montait sans doute des profondeurs de son âme désolée, jaillir au travers de ses doigts.

— Comment vous appelez-vous, miss? demanda l'homme gris.

Sa voix grave et douce était si sympathique, elle descendit si bien dans le cœur de la jeune fille que celle-ci le regarda de nouveau :

— Je m'appelle Louise, dit-elle.

— Louise? mais c'est un nom français?

— Oui, monsieur.

— Et votre père?

— Francis Galtier.

— Il est Français ?

— Oui, monsieur, mais je suis née à Londres. Il y a près de trente années que mon père est ici, où il est venu tout jeune avec ses parents que des revers de fortune avaient contraints de s'expatrier.

— Et vous êtes sûre que les recors amèneront votre père ici ?

— Oh ! oui, monsieur, ils s'arrêtent toujours dans ce cabaret.

L'homme gris pressa doucement la main de la jeune fille.

— Espérez, dit-il.

Elle tressaillit, le regarda encore, et le voyant si pauvrement vêtu :

— Oh ! dit-elle, vous paraissez bon, monsieur, et c'est bien, à vous, de me donner de l'espoir. Mais, ajouta-t-elle en secouant la tête, quand la fatalité pèse sur les pauvres gens, elle ne s'arrête point.

— Qui sait ? dit l'homme gris.

En ce moment, un cab s'arrêta à la porte du public-house, et la jeune fille étouffa un cri de douleur.

Deux hommes en descendaient et poussaient devant eux un pauvre diable encore assez proprement vêtu, mais dont les cheveux rares avaient blanchi avant l'âge, et qui marchait en chancelant, comme un vieillard.

Cet homme versait des larmes silencieuses et se laissait conduire avec la docilité d'un enfant.

La jeune fille se précipita à sa rencontre et se jeta dans ses bras.

Le pauvre homme la regarda avec joie et douleur en même temps :

— Toi ici? dit-il. Pourquoi es-tu venue?

— Parce que je voulais vous voir une fois encore avant jeudi, mon père, dit-elle en le couvrant de baisers.

— Cet homme n'a pas d'entrailles, murmura le malheureux débiteur, faisant allusion à Thomas Elgin. Je me suis mis à ses genoux, j'ai prié, j'ai pleuré... je lui ai parlé de toi, mon enfant...

— Oh! moi, dit-elle, je travaillerai, mon bon père... Ne songez pas à moi... songez à vous...

Les deux recors étaient entrés dans le public-house avec la brutale familiarité de gens qui y venaient dix fois par jour.

L'un d'eux aperçut miss Penny, qui s'apprêtait à sortir, car elle avait vidé tout son petit sac de malices sur la tête grise de l'honorable gouverneur de White-Cross, sir Cooman.

— Ah! te voilà, mignonne, dit-il. Eh bien! si tu entres avant nous, tu peux porter une bonne nouvelle à sir Cooman.

— Plaît-il? fit la jolie espiègle. Est-ce que vous lui amenez un Français?

— C'est ta jolie bouche qui vient de le dire, ma chère, répondit le recors.

Et il prit le verre de porter que la servante lui apporta sur le comptoir, avant même qu'il n'eût fait un signe.

— Allons, mon brave vieux, disait l'autre recors au pauvre débiteur que sa fille tenait étroitement enlacé dans ses bras, buvez un coup, c'est nous qui payons, puisque vous n'avez pas d'argent. Une fois n'est pas coutume.

— Je n'ai pas soif, balbutia le malheureux, qui rendait à son enfant caresses pour caresses.

Mais alors, l'homme gris intervint.

— Hé! camarades, dit-il dans le plus pur anglais qu'on eût jamais parlé au bord de la Tamise, ce n'est pas vous qui payerez cette fois, c'est moi, et vous me permettrez de vous offrir une bouteille de vin de Porto.

Les deux recors regardèrent cet homme à l'habit gris râpé avec un certain étonnement.

— Miss Katt, dit l'homme gris sans se déconcerter, en s'adressant à la servante du public-house, voulez-vous avoir la gracieuseté de nous servir au parloir?

Miss Katt regarda, elle aussi, l'homme gris, tandis que les autres personnes qui se trouvaient dans le public-house se montraient non moins étonnées de cette générosité princière.

Le porto est boisson de pur gentleman et non de pauvres diables.

— Peste! dit un des recors, vous faites bien les choses, vous?

— Quand je veux entrer en affaires avec les gens, répondit l'homme gris, j'offre toujours du porto.

Et pour qu'il n'y eût aucune hésitation de la part du comptoir, il posa devant lui une belle guinée toute neuve.

Le land-lord daigna quitter son journal.

Quant à miss Penny, elle se sauva en disant :

— Je vais joliment faire rire sir Cooman.

L'autre recors posa sur le comptoir son verre de porto à demi plein.

Puis, regardant l'homme gris :

— Ah ça, dit-il, vous voulez donc entrer en affaires avec nous?

— Oui.

— Dans quel but?

L'homme gris cligna de l'œil :

— On vous dira cela tout à l'heure, fit-il.

— Pourquoi pas tout de suite?

— Quand nous serons seuls.

A Londres, comme à Paris, au temps, récent encore, où la contrainte existait, les recors ajoutent quelques petites industries au métier qu'ils font.

On obtient d'eux, à prix d'argent, un sursis d'un jour ou deux, quelquefois même d'une semaine, et le créancier n'a rien à y voir et n'y peut rien.

Les deux recors s'imaginèrent donc que l'homme gris s'intéressait à quelque débiteur qu'ils traquaient, et le premier lui dit :

— Eh bien! attendez que nous coffrions ce pauvre homme et nous revenons. C'est l'affaire d'un quatre d'heure.

— Non, non, répondit l'homme gris, il boira avec nous, il n'est pas de trop... au contraire !

Et il regarda la jeune fille, qui avait toujours les bras autour du cou de son père.

Et le regard qu'il lui adressa tomba sur le cœur de la pauvre enfant comme un rayon d'espérance.

Quant au malheureux père, il ne voyait et n'entendait rien, et, corps sans âme, il se laissa entraîner dans le parloir, où miss Katt avait posé sur une table ronde la bouteille de porto et cinq verres.

En les voyant entrer dans le parloir, le landlord reprit son journal et murmura :

— On a bien raison de dire l'habit ne fait pas le moine : je me serais mis à rire si on m'avait dit que cet homme qui a l'air d'un gueux avait une guinée dans sa poche.

XXII

Le parloir d'un public-house est généralement une petite pièce située à droite ou à gauche du comptoir, et dans laquelle on s'asseoit, non plus sur des bancs, mais sur une sorte de divan qui règne à l'entour.

C'est là que s'installent d'ordinaire les fumeurs ou ceux qui ont une affaire à traiter.

Quand l'homme gris et les deux recors, poussant leur prisonnier devant eux, furent entrés dans le parloir, suivis de la jeune fille qui s'attachait à son père avec une sorte de tendresse furieuse, — sur un signe du premier, miss Katt ferma la porte.

— Nous voilà chez nous, dit alors l'homme gris. Causons un brin.

Et il déboucha la bouteille de vin de Porto et se mit à emplir les verres.

Puis s'adressant au premier recors :

— Il y a trois guinées pour chacun, fit-il.

— Trois guinées ?

— Oui.

— Que faut-il donc faire pour cela?

— M'écouter d'abord.

— Parlez...

Et les deux recors regardèrent l'homme gris, tandis que le pauvre prisonnier continuait à embrasser son enfant.

— Vous savez, reprit l'homme gris, que le Français de White-Cross est sorti ce matin.

— Oui, et si nous n'avions mis la main sur celui-là, je crois que cet excellent et honorable sir Cooman se serait coupé la gorge avant demain.

— Aussi vrai, dit l'autre recors, que je m'appelle Edward Northman et que je fais mon métier depuis trente années tout à l'heure, cela ne s'était jamais vu qu'il n'y eût pas au moins un Français à White-Cross.

— En vérité !

— Et moi, reprit le premier, aussi vrai que j'ai nom John Clavery, dit l'*homme sensible*, je puis vous affirmer que sir Cooman nous donnera une belle gratification.

— Ah ! ah !

— Nous aurions une guinée chacun que ça ne m'étonnerait pas, poursuivit l'homme sensible.

— Peut-être deux, ajouta Edward Northman.

— Je crois bien que vous n'aurez rien du tout, dit froidement l'homme gris.

— Oh ! par exemple !

— A moins que vous ne vous arrangiez avec moi.

— Hein ?

— Oui ; car supposons une chose...

— Laquelle ?

— Qu'on paye pour ce pauvre homme, avant même qu'il ne soit entré.

— Farceur, va ! fit l'homme sensible.

— Vos plaisanteries, Votre Honneur, dit Edward Northman, sont encore meilleures que votre porto, et, par saint George, pourtant, c'est de bon porto Votre Honneur.

Ce disant, il tendit son verre vide.

L'homme gris l'emplit et continua :

— Tout est possible, même l'impossible.

— Bon !

— Que doit cet homme ?

— Au principal, vingt-cinq livres, six cent vingt-cinq francs en monnaie de France.

— Et les frais?

— A peu près autant.

L'homme gris déboutonna froidement son vieil habit gris et, à la grande stupéfaction des deux recors qui firent un pas en arrière, du vieux débiteur, qui chancela, et de la jeune fille, qui jeta un cri, il en tira un portefeuille graisseux qu'il ouvrit et qui leur parut gonflé de bank-notes.

Puis il en tira un à un dix billets de cinq livres, les étala sur la table et dit :

— Est-ce bien là votre compte ?

— Mais... mais... balbutia l'homme sensible; qu'est-ce que vous faites donc là ?

— Je paye, dit l'homme gris.

— Pour cet homme ?

— Sans doute.

— Vous le connaissez donc?

— Je le vois pour la première fois.

— Alors vous êtes fou, dit Edward Northman.

Le vieux débiteur avait été pris d'un tremblement nerveux par tout le corps et il regardait les bank-notes d'un œil stupide.

Quant à la jeune fille, défaillante, elle était tombée à genoux.

L'homme gris lui prit les mains.

— Relevez-vous, mon enfant, dit-il, emmenez votre père; il est malade, affaibli, et vous-même vous paraissez avoir souffert beaucoup. Prenez et ne me remerciez pas.

En même temps il lui mit dix autres billets de cinq livres dans la main.

Instinctivement, remis de leur première surprise et obéissant à ce sentiment de respect qu'en Angleterre surtout inspire la toute-puissance de l'or, les deux recors s'étaient levés, avaient ôté leurs chapeaux et se tenaient devant l'homme gris dans une attitude pleine de déférence.

— Excusez-nous, milord, dit l'homme sensible, qui lui fit alors une belle révérence, nous aurions dû deviner que vous n'étiez point un homme du peuple. Vous êtes très-certainement quelque lord philanthropique.

— Philanthropique est le mot, dit l'homme gris en souriant, et ce compliment vaut bien deux livres de plus, c'est donc un billet de cinq livres que vous aurez chacun, si vous faites ce que je vais vous demander.

— Ah! milord! s'écria l'homme sensible, vous pouvez parler... je sens que je passerais pour vous à travers les flammes.

— Ce que j'attends de vous est beaucoup plus simple, répondit l'homme gris.

Et il laissa négligemment son portefeuille ouvert sur la table,

— Voyons, reprit-il, comment s'appelle ce brave homme?

— Francis Galtier.

— La procédure était en règle?

— Il n'y manquait pas une virgule.

— Ce qui fait que si un autre Français avait fantaisie de visiter White-Cross et de s'y faire enfermer pour quelques jours, il vous serait facile d'utiliser ce dossier.

— Oui, dit l'homme sensible, mais il y a deux choses difficiles.

— Lesquelles?

— D'abord, nous n'avons pas de Français sous la main.

— Bon!

— Ensuite il est peu probable qu'il s'en trouvât un qui consentît à la substitution.

— Vous vous trompez, car l'homme qui a fantaisie de se faire enfermer à White-Cross, c'est moi.

— Vous, Votre Honneur ?

— Moi, dit froidement l'homme gris.

— Mais vous n'êtes pas Français ?

— Qui sait ?

— Ah ! dit l'homme sensible, avant d'être recors, j'ai été détective, c'est-à-dire agent étranger; j'ai vécu à Paris pendant longtemps, et à votre façon de parler anglais...

— Alors vous savez le français ?

— Sans doute.

— Eh bien ! écoutez-moi.

Et l'homme gris se mit à parler français si purement que le recors se crut un moment transporté sur le boulevard des Italiens.

— Ainsi, vous êtes Français ?

— Oui.

— Et vous voulez aller en prison ?

— C'est pour cela que je vous offre cinq livres...

— Mais alors vous n'êtes pas un lord ?

— Non.

— Qui donc êtes-vous ?

— Un Français, vous dis-je.

— Mais vous avez un nom?

— Je désire m'appeler Francis Galtier.

— J'entends bien. Mais...

L'homme gris se prit à sourire :

— Mais vous voudriez savoir mon vrai nom ?

— Oh! pure curiosité, Votre Honneur !

— Eh bien! dit l'homme gris, écrouez-moi. Quand je sortirai de White-Cross, je vous dirai mon vrai nom, je vous le promets.

Les deux recors se regardèrent et murmurèrent ce mot qui peint si bien le caractère national anglais :

— Excentrique !

Puis ils allongèrent la main vers les deux bank-notes, ce qui voulait dire que le marché était conclu.

XXIII

Miss Penny n'avait rien exagéré dans le public-house de *Relay-last*, lorsqu'elle avait parlé de la douleur profonde de sir Cooman.

Le digne gouverneur, parfait gentleman du reste, était dans un état d'affliction qui faisait peine à voir.

Il avait une femme et une fille, et il était alderman.

Sa femme était une longue, sèche, triste créature qui se plaignait de la pluie quand il pleuvait, du froid si la bise soufflait, du soleil quand le brouillard voulait bien lui livrer passage.

Madame Cooman recevait quotidiennement la visite de deux médecins qui lui prescrivaient des remèdes conformes à son état de maladie imaginaire.

Miss Cooman ne ressemblait pas plus à sa mère qu'un bouleau ne ressemble à un peuplier.

Elle était toute petite, toute large, toute ronde, toute grasse, avec de petits yeux gris et de grosses lèvres charnues.

La mère se plaignait de maigrir, la fille était au désespoir d'engraisser toujours.

Du reste, elle n'avait pas meilleure humeur, et master Goldsmidcht, le guichetier, avait coutume de dire:

— Sir Cooman a toujours l'air de bonne humeur, mais, au fond, entre ces deux mégères, il doit être bien malheureux.

Master Goldsmicht s'était trompé, jusque-là du moins.

Depuis vingt années qu'il était gouverneur de

White-Cross, sir Cooman était l'homme le plus heureux du monde. Il riait de bon cœur et toujours, et quand il visitait un nouveau détenu, il lui donnait les plus belles consolations du monde et finissait par cette conclusion que nulle part on n'était aussi bien que dans White-Cross, et que la liberté est une mauvaise plaisanterie qu'il faut fuir comme la peste.

Une seule chose amenait parfois un pli léger sur le front de sir Cooman et dérangeait la symétrie de ses cheveux soigneusement frisés.

Pour expliquer cette chose, il nous faut faire une légère excursion dans le passé de sir Cooman.

Quand il était entré à White-Cross comme gouverneur, il avait succédé à un vieux brave homme, ancien libraire de la rue Pater-Noster, que les honneurs municipaux avaient poussé jusqu'à la dignité de gouverneur de la maison pour dettes.

Ce brave homme, trop vieux pour exercer désormais convenablement ces fonctions, avait été mis à la retraite, mais il ne voulut pas se retirer sans avoir installé son successeur.

— Jeune homme, lui dit-il, j'ai vécu trente années ici, et pendant mon administration tout a été pour le mieux dans la plus fortunée des prisons pour dettes : il n'y a eu ni révolte, ni tentative d'évasion, ni querelles parmi les détenus, qui n'ont cessé de m'appeler leur père. Savez-vous à quoi cela a tenu?

— Non, dit sir Cooman étonné.

— A un fétiche, à un porte-bonheur qui protége White-Cross et par conséquent son gouverneur.

— Ah! vraiment? fit sir Cooman.

— Il y a toujours un Français ici, poursuivit le vieillard, et tant que cela durera, vous pourrez dormir tranquille. Mais si, par la suite, jeune homme, le hasard voulait que le Français ne fût pas remplacé par un autre...

— Eh bien? fit sir Cooman tout tremblant.

— Je ne répondrais plus de rien, acheva le vieillard; et, quelque chose me dit que les plus épouvantables malheurs fondraient sur la prison et sur son gouverneur.

Or, ce quelque chose qui, à trente années de distance, creusait parfois une ride sur le front de sir Cooman, c'était le souvenir de sa conversation avec son successeur.

Heureusement, jusqu'alors, il y avait toujours eu deux Français plutôt qu'un, et la prison avait pour eux une maison spéciale.

Car, il faut bien le dire, White-Cross et les autres prisons pour dettes de l'Angleterre ne ressemblent pas plus à feu Chichy que madame Cooman ne ressemblait à sa fille.

L'administration municipale de Londres a loué un immense terrain et elle l'a entouré de hautes murailles, se bornant à bâtir un pavillon pour le gouverneur, un autre pour le guichetier, et un corps de logis reliant les deux, destiné à loger quelques employés subalternes.

Puis elle a appelé à son aide la spéculation privée, l'industrie libre.

Celles-ci se sont présentées sous les auspices d'un architecte et d'un entrepreneur qui se sont mis à l'œuvre et ont bâti sur cet emplacement demeuré vide des maisons à un, deux et trois étages, dans lesquels les détenus se logent à leur gré, c'est-à-dire selon leur bourse ou celle de leur créancier.

Il en est qui n'ont qu'un taudis; d'autres occupent une maison tout entière.

White-Cross est une cité sous les verroux, avec ses ruelles, ses carrefours et un square.

Le détenu pauvre paye sa mansarde un ou deux shillings par semaine; le riche a sa maison complète dans laquelle il amène sa famille et ses domestiques.

A la liberté près de franchir le mur d'enceinte, qui n'a qu'une porte rigoureusement gardée par le guichetier, il est chez lui, vit de sa vie ordinaire et laisse au pauvre monde les larmes et les privations.

Tant il est vrai que sur cette libre terre d'Angleterre l'aristocratie est partout, même en prison.

Or donc, il y avait la maison du Français, et cette maison était toujours habitée.

Qu'on juge donc de l'épouvante qui s'empara de l'honorable sir Cooman quand, ce matin-là, le guichetier se présenta dans son cabinet et lui dit :

— Le Français a payé et demande à sortir, ce qui est tout à fait son droit.

Sir Cooman ne comprit pas tout d'abord.

— Eh bien ! dit-il, mettez l'autre dans sa maison.

— Quel autre ?

— L'autre Français.

— Mais il n'y en a pas d'autre.

Ce fut alors seulement que sir Cooman bondit de son fauteuil au milieu de son cabinet, jeta un cri sourd et dit qu'il ne laisserait, pour rien au monde, partir le Français, qu'un autre Français ne fût venu le remplacer.

Mais le guichetier, qui était un homme de bon sens, haussa les épaules et invoqua la loi.

Devant la loi, tout Anglais courbe la tête, et sir Cooman fut obligé de s'incliner.

Mais il fut pris d'un tel accès de fureur et de folie en même temps, que sa femme et sa fille épouvantées se hâtèrent de cacher les rasoirs avec lesquels il devait faire sa barbe, après son premier déjeuner.

On amena de nouveaux détenus.

Sir Cooman, dont la fureur avait fait place à une sorte de prostration, ne voulut pas en entendre parler, se bornant à cette question :

— Y a-t-il un Français ?

— Non, disait tristement le guichetier.

Et sir Cooman retombait dans son atonie, oubliant sa politesse ordinaire qui jusque-là lui avait fait une loi d'aller visiter les nouveaux venus aussitôt après leur installation.

Enfin le guichetier était revenu une dernière fois :

— Nous avons un prisonnier d'une telle importance, avait-il dit, que Votre Honneur ne saurait se refuser à l'aller visiter, ne fût-ce que quelques minutes.

— Quel est ce prisonnier? avait demandé sir Cooman.

— C'est un prêtre catholique, très-populaire à Londres.

— Ah! fit le malheureux gouverneur avec l'accent de la plus parfaite indifférence.

— L'abbé Samuel.

— Ah!

Et sir Cooman retomba en sa morne rêverie.

Sa femme et sa fille, assises dans le parloir, se regardaient avec terreur.

Le pauvre homme était capable d'en mourir.

Mais comme le guichetier allait se retirer, on entendit des pas légers et rapides dans le corridor, et une voix jeune, fraîche, sonore, une voix de jeune fille retentit, disant :

— Monsieur le gouverneur! monsieur le gouverneur! bonne nouvelle... réjouissez-vous... Dieu et saint Georges protégent toujours White-Cross.

En même temps miss Penny fit irruption dans le parloir, son panier de provisions au bras.

— Qu'est-ce que tout cela, petite folle, tête de linotte? dit le guichetier d'un air sévère.

— Un Français ! s'écria miss Penny.

— Un Français !

— Oui. Les recors sont avec lui à *Relay-last*.

A ces mots, sir Cooman se leva vivement, mais il fut pris d'une si grande émotion qu'il retomba sans force dans son fauteuil.

— Mais parle donc, petite folle ! s'écria le guichetier, parle donc ! ne vois-tu pas que Sa Seigneurie est sur le point de se trouver mal ?...

Et, de fait, sir Cooman suffoquait, et il regardait miss Penny d'un air stupide.

XXIV

Miss Penny se mit alors à rire, mais d'une façon si bruyante, si scandaleuse et si moqueuse à la fois, que la longue et sèche madame Cooman et la rondelette miss Cooman se regardèrent avec indignation.

Le guichetier lui-même, bien qu'il ne vît rien au monde d'aussi parfait que sa fille, fronça légèrement le sourcil, tant il lui sembla qu'elle manquait de respect à sir Cooman.

Miss Penny reprit :

— Cela n'a pourtant rien de bien extraordinaire, ce que je vous dis là, pour que vous soyez tous ainsi bouleversés. Le Français de ce matin est parti, on en amène un autre ! tout cela est parfaitement naturel.

Sir Cooman fit un effort suprême.

Il se mit sur ses pieds, et saisissant les deux mains de la rieuse petite fille :

— Tu ne me trompes pas au moins ?

— Oh ! Votre Honneur !...

— Les recors amènent un prisonnier !

— Oui, Votre Honneur,

— Et c'est un Français?

— Tout ce qu'il y a de plus Français.

— L'as-tu vu !

— Oui, Votre Honneur.

Sir Cooman poussa un soupir qui ébranla les solives du plafond de son cabinet et murmura :

— Ah ! on ne saura jamais ce que j'ai souffert !

Puis, à mesure que son visage se rassérénait, il regardait miss Penny, et il lui dit encore :

— Quels sont les recors qui l'amènent !

— C'est d'abord Edward Northman.

— Ah ! fort bien.

— Et ensuite l'homme sensible.

— Oh! c'est un habile limier, celui-là, et un serviteur dévoué, fit sir Cooman avec un soupir de satisfaction. Il a pensé comme moi que White-Cross ne pouvait être veuve de Français et il a fait tous ses efforts pour en trouver un.

Sir Cooman revenait insensiblement à la vie; ses membres retrouvaient leur élasticité, sa tête, longtemps inclinée sur sa poitrine, revenait peu à peu en arrière, ce qui est l'indice non équivoque de la fierté et de la conscience qu'on a de sa propre valeur.

Et, le voyant transformé, mistress et miss Cooman échangèrent un regard de satisfaction.

Alors master Goldsmicht, le guichetier, osa prendre la parole à son tour.

— Maintenant, dit-il, que Votre Seigneurie est plus tranquille, elle me permettra certainement une observation et un respectueux calcul.

— Parle, répondit sir Cooman, qui était si content qu'il embrassait miss Penny sur les deux joues.

— Votre Honneur connaît les recors, reprit le guichetier, et il connaît pareillement les Français.

En Angleterre, pays de la tempérance, on a coutume de dire « ivrogne comme un Français, » et on a bien raison, Votre Honneur.

— Oh! certainement, dit sir Cooman, ces gens-là ont toujours le verre à la main et ils se saoùlent sans pudeur en la présence des femmes.

En entendant ces paroles, madame Cooman et sa fille baissèrent pudiquement les yeux.

Le guichetier reprit :

— Un Français qui se laisse arrêter a toujours de l'argent pour lui. Ils aiment si bien vivre, ces gaillards-là, et Votre Honneur sait qu'ils ne se sont jamais rien refusé à White-Cross.

— A telle enseigne, observa miss Penny, que celui que les récors amènent, leur a offert une bouteille de vin de Porto.

— Du vin de Porto! exclama sir Cooman.

— Par saint George, est-ce possible! fit le guichetier.

Miss et mistress Cooman se regardèrent de nouveau d'un air pudibond.

A peine si on avait parfois un verre de sherry à la table du gouverneur.

— Par conséquent, Votre Honneur, poursuivit master Goldsmicht, il ne faut pas compter sur eux avant une petite heure ou une grande demi-heure tout au moins.

Je connais ces ivrognes de Français. Ce n'est pas une bouteille de Porto, c'est deux qu'ils boiront.

— Que le diable les emporte! dit sir Cooman, qui frappa du pied avec impatience.

— Je crois donc, reprit le guichetier, que Votre Honneur pourrait convenablement employer cette demi-heure.

— A quoi faire!

— A rendre visite au prêtre catholique.

— Soit, dit sir Cooman.

Il était si joyeux, le bon gouverneur, qu'il aurait embrassé tous les détenus s'ils le lui avaient demandé.

— D'autant plus, ajouta le guichetier, que Votre Honneur fera évidemment quelque chose pour lui.

— Hein! fit sir Cooman.

— Quand un créancier manque d'égards avec son débiteur, poursuivit master Goldsmicht, le gouverneur peut toujours intervenir.

— Sans doute, sans doute. Mais de quoi s'agit-il?

Et sir Cooman prit son chapeau et son paletot

et suivit le guichetier, tandis que miss Penny allait distribuer ses provisions.

— Il n'est pas convenable qu'un prêtre, dit le guichetier comme ils traversaient une des cours de White-Cross, soit aussi mal logé que l'abbé Samuel.

Son créancier est cet âpre M. Thomas Elgin, qui donne juste un shilling par jour pour la nourriture de ses débiteurs. Ce qui est tout à fait insuffisant, Votre Honneur en conviendra, par le temps de cherté des vivres qui court.

— Oh! tout à fait insuffisant, dit sir Cooman comme un écho.

Le digne gentleman ne pensait en ce moment qu'à une chose : tuer le temps! tant il avait hâte de voir arriver le Français.

Le guichetier continua:

— Hier, M. Thomas Elgin est venu lui-même retenir une chambre pour son prisonnier, il a demandé tout ce qu'il y avait de meilleur marché; à telle enseigne que j'ai cru qu'il s'agissait d'un homme du peuple, d'un brocanteur de White-Chapel, de quelqu'un de ces misérables enfin à qui M. Thomas Elgin prête de l'argent à trois cent pour cent.

C'est une chambre sous les toits, sans cheminée, qui coûte un shilling par semaine.

— Quelle horreur! dit sir Cooman.

— Je crois, reprit le guichetier, que Votre Honneur doit intervenir, prendre sur elle de faire avoir à l'abbé Samuel un logement convenable.

— Certainement, certainement, dit sir Cooman, qui songeait toujours au Français.

— D'autant plus que, lorsque les consignations d'ailleurs faites par le créancier ne paraissent pas suffisantes, l'administration peut prendre sur elle de relâcher le débiteur, ajouta le geôlier.

— Mais, dit Cooman, ce prêtre n'a donc pas d'argent?

— Pas une obole. D'ailleurs, je puis l'affirmer à Votre Honneur, ce n'est pas lui qui s'est plaint : il se trouve bien où il est, mais les détenus ont été indignés...

— Ah! vraiment!

— Comme Votre Honneur le verra elle-même.

Ce disant, le guichetier s'arrêta au seuil d'une bicoque à trois étages, noire, enfumée, livide d'aspect, dans laquelle on pénétrait par une porte, bâtarde, une allée humide, et que desservait un affreux escalier en coquille, dont les marches étaient couvertes d'immondices.

— Pouah! fit sir Cooman.

— C'est la maison des Irlandais, dit le guichetier.

Et il gravit l'escalier devant le gouverneur pour lui montrer le chemin.

Arrivé tout en haut, il frappa à une porte.

— Entrez! dit une voix douce et calme.

Le guichetier poussa la porte, et sir Cooman se trouva en présence de l'abbé Samuel.

La physionomie du jeune prêtre avait une expression de douleur résignée qui fit tressaillir le gouverneur.

Sir Cooman était blasé, pourtant, sur les douleurs humaines.

Mais, en ce moment, il ne put s'empêcher de tressaillir, et il oublia même ce bienheureux Français, qui allait ramener, par sa présence, le bonheur et la chance dans White-Cross.

XXV

Quand la porte s'était ouverte, l'abbé Samuel était assis sur l'ignoble grabat qui devait lui servir de lit.

Un livre à la main, il priait.

Le réduit où il se trouvait était si repoussant d'aspect, que sir Cooman fit, malgré lui, un pas en arrière.

C'était une chambre de six pieds carrés, sans autres meubles qu'un lit et une chaise, qui prenait le jour par un trou percé dans le toit.

Il n'y avait ni poêle ni cheminée.

Pas la moindre place pour serrer du linge ou des vêtements; pas le plus petit coin pour y dresser un fourneau.

Les murs étaient sales et couverts çà et là d'inscriptions ignobles laissées par les précédents locataires.

Mais au milieu de ces immondices, la figure du prêtre rayonnait comme celle d'un ange qui apparaîtrait tout à coup dans les ténèbres.

A la vue du gouverneur, il se leva, quitta son livre, et se découvrit.

— En vérité! monsieur l'abbé, dit sir Cooman, je suis indigné, tout à fait indigné, parole d'honneur! ce monsieur Thomas Elgin est un homme sans foi ni loi, indigne d'appartenir à la grande nation anglaise.

— Pourquoi donc, monsieur? dit le jeune prêtre en souriant.

— Mais les choses ne se passeront pas ainsi plus longtemps, dit sir Cooman en s'échauffant; j'ai des pouvoirs et je m'en servirai.

Et se tournant vers le guichetier :

— Goldsmicht, dit-il, vous allez écrire sur-le-champ à M. Thomas Elgin.

— Oui, Votre Honneur.

— Vous lui direz que l'administration trouve ses consignations insuffisantes.

— Oh! très-insuffisantes, dit le guichetier.

— Que l'avis de l'administration est qu'on ne loge pas un prêtre, même un prêtre catholique, comme on logerait un marchand de poisson de Thames-street, et que si d'ici à demain il n'a pas pourvu à ce que M. l'abbé soit convenablement logé et nourri, l'administration prendra sur elle de relâcher son prisonnier.

L'abbé Samuel leva ses grands yeux bleus sur sir Cooman, et lui dit en souriant :

— Vous êtes mille fois trop bon, monsieur, de vous chagriner ainsi à mon sujet. Je vous en prie, ne vous inquiétez pas de moi. Je me trouve fort bien ici. Je suis d'ailleurs habitué à vivre de peu, et quant à ce logis...

— C'est un bouge infect! s'écria sir Cooman.

— Qu'importe? dit l'abbé Samuel. D'ailleurs, il y a bien des gens, à Londres, qui n'ont même pas un abri semblable, ne fût-ce que les malheureux qui vont coucher la nuit sous les voûtes d'Adelphi.

A mesure qu'il parlait, l'abbé Samuel exerçait sur sir Cooman une fascination mystérieuse.

Depuis trente ans, sir Cooman ne s'était peut-être jamais intéressé à un prisonnier comme il s'intéressait en ce moment à l'abbé Samuel.

— Monsieur! s'écria-t-il, cela est impossible, vous ne pouvez rester ici!

— Monsieur, répondit l'abbé Samuel, encore une fois, je vous suis bien reconnaissant de votre bonté; mais, je vous en prie, n'écrivez point à M. Thomas Elgin. C'est un méchant homme duquel vous n'obtiendrez rien.

Si vous voulez absolument m'être agréable,

monsieur, eh bien! faites-moi donner du papier et une plume pour écrire en Irlande.

J'espère qu'on pourra d'ici peu m'envoyer de là-bas assez d'argent pour me libérer.

— Oh! je le souhaite de tout mon cœur pour vous, monsieur l'abbé, dit sir Cooman. Ainsi, vous voulez rester ici?

— Oui.

— Mais vous mourrez de froid!

— Oh! non, je suis habitué aux rigueurs de la température, répondit avec simplicité le jeune prêtre.

— Monsieur l'abbé, dit Goldsmicht, si vous voulez venir écrire votre lettre dans ma loge, vous y serez à votre aise auprès du poêle, et je vous donnerai du papier, une plume et de l'encre.

— C'est cela, dit sir Cooman.

— J'accepte volontiers, répondit l'abbé Samuel.

Et il descendit sur les pas de Goldsmicht et de sir Cooman, qui se sentait pris à la gorge par toutes les mauvaises odeurs qui montaient du bas de l'escalier.

Une fois dans la cour, sir Cooman se rappela le Français.

Aussi pressa-t-il le pas et consulta-t-il sa montre, qui marquait trois heures moins le quart.

— L'homme sensible ne peut tarder, pensa-t-il.

Et, au lieu de retourner dans son cabinet, il suivit le guichetier et l'abbé Samuel.

Goldsmicht conduisit l'abbé Samuel dans sa loge, où le poêle ronflait joyeusement.

Il lui approcha une petite table, roula auprès un bon fauteuil, plaça sur la table un buvard, une écritoire, des plumes, du papier et dit d'un air satisfait :

— Vous serez là comme chez vous, monsieur l'abbé.

Au même instant, et tandis que le jeune prêtre s'asseyait devant la table, un bruit se fit qui alla au cœur de sir Cooman comme la plus agréable des musiques.

C'était le bruit du marteau résonnant sur le chêne ferré de la porte extérieure.

— Voilà le Français ! murmura joyeusement sir Cooman.

Goldsmicht prit à sa ceinture la grosse clef qui ne le quittait ni nuit ni jour, se dirigea vers la porte qui était au fond de la loge et l'ouvrit.

C'était en effet l'homme sensible, son camarade Edward Northman, et son prisonnier.

Si miss Penny avait été là, elle aurait jeté un cri d'étonnement, car le prisonnier que les deux recors amenaient n'était pas celui qu'elle avait vu.

Mais miss Penny était toujours dans l'intérieur du White-Cross, occupée à distribuer ses provisions.

Le jeune prêtre s'était mis à écrire et ne leva point la tête tout de suite.

— Ah! Votre Honneur, dit l'homme sensible en saluant respectueusement sir Cooman, nous n'avons pas perdu de temps, comme vous pouvez le voir, pour retrouver un autre Français.

— Est-ce bien un Français? demanda le gouverneur d'une voix tremblante d'émotion.

L'homme gris, car c'était lui, salua sir Cooman et lui dit en français :

— Je suis né rue Coquenard, à Paris, Votre Honneur.

Sir Cooman, qui avait été négociant, savait le français et il ne pouvait se tromper à l'accent de l'homme gris.

— Oui, s'écria-t-il, c'est bien cela... à n'en pas douter... vous êtes Français!

Et dans sa joie, il tendit vivement la main au prisonnier, lui disant avec effusion :

— Ah ! mon ami, si vous saviez quel service vous nous rendez d'avoir bien voulu vous laisser arrêter !

— Trop heureux de vous être agréable, monsieur, répondit l'homme gris, toujours en français.

Le jeune prêtre tressaillit au bruit de cette voix et leva ses yeux sur le prisonnier.

Lhomme gris, sous prétexte de caresser ses favoris, porta le bout de son index sur ses lèvres.

Cela voulait dire :

— Silence ! ne me trahissez pas !

— Votre Honneur en conviendra, dit le recors qui avait reçu le nom de l'homme sensible, nous avons bien droit à une petite gratification, mon camarade et moi.

— Certainement, certainement, répondit sir Cooman. Goldsmicht, quand vous aurez inscrit monsieur sur le livre d'écrou, vous donnerez à chacun de ces braves gens une livre, que vous porterez aux frais généraux.

— Oui, Votre Honneur, répondit le guichetier.

— Et moi, monsieur, dit l'homme gris, n'ai-je pas quelque droit à votre bienveillance ?

— Sans aucun doute, mon ami, sans aucun doute. Que puis-je faire pour vous ?

— Je voudrais pouvoir me loger auprès de M. l'abbé que voilà, dit l'homme gris. Je suis Français, catholique et très-religieux.

En même temps, il regarda l'abbé Samuel d'un œil suppliant.

— Ne me refusez pas ! semblait-il dire.

— Je ne demande pas mieux, si M. l'abbé y consent, dit sir Cooman, d'autant mieux que le logement du Français est assez grand pour deux personnes.

— Je le veux bien, dit à son tour l'abbé Samuel, qui ne pouvait s'expliquer comment l'homme gris se trouvait maintenant détenu à White-Cross.

XXVI

Une heure après, le prêtre et l'homme gris étaient seuls.

On leur avait donné pour logis ce que, dans White-Cross, on appelait la maison du Français.

Deux heures plus tôt l'abbé Samuel avait refusé de quitter sa mansarde et s'était opposé à ce qu'on reprochât à M. Thomas Elgin sa parcimonie.

Mais l'homme gris était venu; il avait échangé avec le prêtre un signe de mystérieuse intelligence, et dès lors le prêtre avait consenti à déménager.

Pourquoi ?

Pour la première fois de sa vie, l'abbé Samuel avait vu, pendant la nuit précédente, cet homme dont il ne savait pas même le nom.

Mais cet homme avait exercé sur lui une mystérieuse fascination, et si cet homme venait à White-Cross, c'est qu'il voulait le voir, lui, l'abbé Samuel.

La dette n'était, ne pouvait être qu'un prétexte.

Tel était du moins, le raisonnement que s'était fait le jeune prêtre catholique en voyant apparaître l'homme gris ; et dès lors il avait consenti à tout ce que ce dernier demandait, c'est-à-dire à loger avec lui.

Donc, deux heures après, tous deux étaient seuls.

Ils étaient seuls en un petit parloir du rez-de-chaussée qui était muni d'un poêle de porcelaine et de quelques meubles dont le confortable prenait sa source dans l'idée superstitieuse qui s'attachait à la possession d'un Français à White-Cross.

Master Goldmidcht avait reçu de l'homme gris une demi-guinée, et, pour cette somme, il s'était mis en quatre à la seule fin d'être agréable à la fois au prêtre et au Français.

Aussi le poêle était-il garni et ronflait-il joyeusement, et le jeune prêtre s'en était approché avec une naïve avidité, car il avait eu bien froid dans sa mansarde.

— Eh bien? dit-il vivement, aussitôt que le guichetier fut parti, avez-vous retrouvé l'enfant?

— Non, dit l'homme gris.

Le prêtre pâlit.

— Grand Dieu! dit-il, et je suis ici... réduit à l'impuissance et à l'inaction!

— Je ne l'ai pas retrouvé, dit l'homme gris, mais je le retrouverai, je vous le jure.

— Et vous êtes ici!

— Oui, mais je sortirai quand bon me semblera.

— Ah! fit le prêtre.

— Seulement, reprit l'homme gris en baissant la voix, je voulais vous parler, et c'est pour cela que j'ai pris la place d'un pauvre diable qu'on amenait.

— Mais qui donc êtes-vous, demanda le prêtre pour la seconde fois, vous que je trouve sur mon chemin et dans les yeux de qui je vois briller l'intérêt et le dévouement?

L'homme gris répondit de cette voix grave et triste, d'une douceur infinie et qui allait au cœur :

— Je suis un grand criminel que le repentir a touché depuis dix ans, et qui, depuis dix ans essaye de faire un peu de bien, et se dévoue à ceux qui lui paraissent avoir un grand et noble but dans la vie.

— Ah! fit le prêtre, qui eut néanmoins un léger mouvement de défiance.

Un sourire vint aux lèvres de l'homme gris.

Puis il porta la main à son front et y fit, avec le pouce, ce mystérieux signe de croix qui avait forcé, le matin même, l'Irlandais en guenilles à s'arrêter devant lui.

Le prêtre tressaillit.

L'homme gris porta sa main droite à son front et répéta le signe de croix.

Cette fois, le prêtre lui tendit la main et lui dit :

— Vous êtes donc un fils de l'Irlande ? Je vous croyais Français.

— Je le suis, en effet, mais tous ceux qui souffrent sont mes frères.

— Qui donc vous a affilié à notre œuvre ? demanda encore le jeune prêtre.

— Un homme qui est mort pour l'Irlande.

— Et... cet homme ?

— Pour les torys qui l'ont jugé, pour l'Angleterre qui l'a pendu, c'était un pauvre diable, un mendiant, un homme du menu peuple, un cabman du nom de Fatlen.

— Fatlen ! exclama l'abbé Samuel.

— J'ai partagé mon pain avec lui, nous avons vécu de la même vie, à Dublin, pendant six mois. Il était condamné à mort, et il avait réussi à se dérober aux poursuites de ses bourreaux.

Grâce à moi, il avait pu s'évader de prison. Grâce à moi encore, il allait pouvoir quitter le sol de l'Irlande, gagner le continent et y mettre en sûreté sa tête vouée à l'échafaud.

Mais Dieu permet souvent que les projets les plus sagement mûris, les entreprises les mieux conduites échouent...

— Parce que les nobles causes ont besoin de martyrs, dit le prêtre.

— Une nuit, reprit l'homme gris, une petite barque pontée vint jeter l'ancre sur un point désert de la côte.

C'était en hiver, le brouillard était si épais qu'on ne voyait pas les phares du voisinage.

Une belle nuit pour une évasion !

Les matelots et le capitaine étaient Français.

Le capitaine, c'était moi.

La mer était mauvaise ; mais notre petite embarcation avait fait ses preuves, et mes quatre matelots étaient de rudes marins.

Fatlen s'embarqua.

Malgré le mauvais état de la mer, je fis larguer tout ce que nous avions de toile.

Ce n'était pas la mer qu'il fallait craindre, c'était la petite flotte anglaise qui croisait perpétuellement dans le détroit.

Et c'était pour lui échapper que nous avions choisi une nuit sombre et brumeuse.

Alors, tandis que nous courions vent arrière, Falten me dit :

— Frère, tu parais certain du succès, mais moi je suis assailli par les plus funestes pressentiments : par moments, depuis quelques jours, il me semble déjà sentir s'enrouler autour de mon cou cette corde infâme du gibet que l'Angleterre destine à ceux qui aiment l'Irlande.

Frère, l'heure est venue où je dois te dire qui je suis et t'initier à notre grande œuvre qui, tôt ou tard, crois-en un homme sûr de mourir, finira par triompher.

Et je me courbai devant lui, et, se penchant sur moi, il me murmura à l'oreille les mots sacrés qui nous urissent tous, et m'enseigna les deux signes de reconnaissance. Celui des simples frères et celui des chefs.

— Tu iras en Angleterre, me dit-il encore, tu chercheras dans cette ville immense de Londres un jeune prêtre, l'abbé Samuel.

C'est notre chef suprême, en attendant que le chef qui doit venir, celui qu'on nous a prédit, d'enfant qu'il est soit devenu homme.

Et quand tu auras vu l'abbé Samuel, tu lui parleras de moi. Si je suis mort, tu lui raconteras mes derniers moments.

Si j'ai pu toucher la terre de France où l'Irlandais est sauf, tu le lui diras encore.

Il ne m'a jamais vu, mais il sait qui je suis.

— Et Fatlen est mort? demanda l'abbé Samuel.

— Oui, répondit l'homme gris. Une tempête épouvantable nous rejeta vers l'Irlande que nous voulions fuir, et nous échouâmes sur un écueil à quatre lieues de la côte.

Notre barque sombra.

Quand le jour vint, nous étions tous les six, mes quatre matelots, Falten et moi, accrochés aux pointes de rochers qui se trouvaient à fleur d'eau.

Une frégate passait au large.

— Il faut lui faire des signaux ! me dit Fatlen.

— Non ! m'écriai-je, non ! Veux-tu donc tomber au pouvoir des Anglais ?

— Veux-tu donc que, pour sauver ma vie, j'expose cinq hommes à périr ? me répondit-il.

— Attendons encore, disais-je, peut-être dans quelques heures une barque de pêcheurs passera-t-elle près de nous.

— Non, me dit-il, je ne le veux pas !

Et il se dressa tout de bout sur l'écueil, et se fit un pavillon de sa chemise.

Les matelots de vigie de la frégate nous aperçurent ; le navire stoppa et mit un canot à la mer.

Une heure après, nous étions sauvés et Fatlen était perdu, acheva l'homme gris en baissant la tête.

— Et vous l'avez vu mourir ? demanda Samuel.

— Huit jours après, à Dublin, j'étais au pied de l'échafaud, et, au moment suprême, il me cria :

« — Souviens-toi ! »

L'homme gris avait achevé son récit d'une voix émue.

L'abbé Samuel lui tendit la main.

— Et c'est pour cela que vous êtes ici ? dit-il.

— Oui.

— Mon Dieu ! pourquoi n'avez-vous pas retrouvé l'enfant ? dit-il avec un accent plein de mystérieux frémissements.

Et, comme l'homme gris le regardait, le prêtre ajouta :

— L'Irlandaise a raison ; cet enfant, c'est celui qu'attend l'Irlande, et moi je ne suis que son serviteur.

— Oh ! dit l'homme gris, nous le retrouverons, je vous le jure.

— Comment ? fit le prêtre avec tristesse.

Un sourire vint aux lèvres de l'homme gris.

— Écoutez-moi, dit-il, et vous verrez...

XXVII

Alors l'homme gris raconta à l'abbé Samuel ce qui s'était passé le matin, comment il avait pénétré chez mistress Fanoche et constaté la disparition de cette dernière et de l'enfant.

— Eh bien! dit l'abbé Samuel, quand il eut terminé son récit, vous êtes bien tranquille, n'est-ce pas?

— Oui, certes.

— Vous vous dites que, si on a volé cet enfant, c'est qu'on veut le substituer à un autre...

— Sans doute.

— A un enfant mort, ou malade, ou défiguré... et vous vous dites encore que mistress Fanoche finira bien par rentrer chez elle et que retrouver la trace de l'enfant n'est qu'un jeu pour des gens qui appartiennent à la grande famille irlandaise.

— Telle est du moins mon opinion, dit l'homme gris d'un ton soumis et respectueux.

— Eh bien! à votre tour, écoutez-moi, dit l'abbé Samuel avec une émotion croissante.

— Parlez...

— Il y a cent ans, l'Irlande était, comme aujourd'hui, la vassale de l'Angleterre, la terre abreuvée de sang et de larmes, sur laquelle les vainqueurs posaient insolemment le pied.

Un homme, une race tout entière plutôt, se leva, arborant les couleurs de l'indépendance et parlant de liberté.

Autour de cette race vinrent se ranger des combattants et, pendant un quart de siècle, l'Irlande lutta, tantôt au soleil, tantôt dans l'ombre, mais sans relâche et sans cesse, obéissant à deux hommes.

Ces deux hommes étaient deux frères.

Ces deux frères étaient les rejetons de nos anciens rois, et il y a une vieille légende de notre Érin qui dit que le fils de cette race sera le libérarateur de l'Irlande.

Des deux frères, l'un mourut en combattant.

L'autre fut un lâche, il fit sa soumission à l'Angleterre, et l'Angleterre lui donna un siége à son parlement.

Mais cet homme eut, à son tour, deux fils.

L'un est demeuré un noble lord : il est Anglais, il a renié l'Irlande.

L'autre se souvint du sang qui coulait dans ses veines.

Celui-là se nommait sir Edmund.

Il passa en Irlande, et vous savez comment il a fini.

— C'était le père de l'enfant, n'est-ce pas ? dit l'homme gris.

— Oui.

— Ah ! je comprends tout, maintenant.

— Non, vous ne comprenez rien encore, dit le prêtre. Le frère de sir Edmund, au lieu de lui tendre la main, l'a poursuivi de sa haine ; il est aussi Anglais que l'autre est resté Irlandais.

— Eh bien ?

— Eh bien ! qui vous dit que ce n'est pas lui qui a fait enlever l'enfant ?

— Lui !

— Oui. Non pour le substituer à un autre, mais pour le faire disparaître à jamais. Ceux qui ont tué l'aigle, étouffent les jeunes aiglons, et la Tamise roule des flots si noirs qu'on ne peut jamais voir le fond de son lit.

L'homme gris tressaillit.

Un souvenir traversa son cerveau. Il se rappela les confidences de Shoking, à l'endroit de ce gentleman qui avait donné dix livres au mendiant pour qu'il lui rapportât l'adresse de l'Irlandaise.

— Maître, dit-il, prenant toujours vis-à-vis du

jeune prêtre cette attitude soumise qu'il s'était imposée, me permettez-vous une question ?

— Parlez !

— Quel est le nom que porte, à la chambre haute, le frère de sir Edmund ?

— On l'appelle lord Palmure.

L'homme gris jeta un cri.

— Ah ! dit-il, il faut sortir d'ici en ce cas, sortir sur-le-champ, il le faut ! il faut retrouver l'enfant...

Le prêtre secoua la tête :

— Sortir, dit-il, mais comment ?

Et comme l'homme gris ne répondait pas, il poursuivit avec un accent fiévreux :

— Si Thomas Elgin s'est montré impitoyable, c'est qu'il n'est qu'un instrument de nos persécuteurs ; c'est que ces derniers ont su que l'enfant devait arriver ; que, ce matin même, je devais célébrer la messe à Saint-Gilles, en présence de quatre hommes qui sont comme moi quatre chefs de notre association.

Ces quatre hommes viennent, l'un de l'Irlande, l'autre de l'Écosse, le troisième du comté de Galles, le quatrième d'Amérique.

J'étais le trait d'union qui les devait réunir, car nous ne nous connaissons pas entre nous.

Je devais bénir l'enfant qu'une pauvre femme m'amènerait, et ces quatre hommes perdus dans la foule auraient reconnu dans cet enfant celui qu'attend l'Irlande tout entière.

Nos ennemis ne l'ont pas voulu, murmura le jeune prêtre en laissant retomber sa tête sur sa poitrine, et peut-être qu'à cette heure l'enfant est mort.

— Non, non, dit l'homme gris, cela ne se peut point. Cela est impossible !

— Et je suis en prison, fit l'abbé Samuel avec désespoir.

— Nous sortirons quand vous voudrez...

— Est-ce possible ?

— Oui.

— Pour sortir d'ici, il faut payer, et je n'ai pas d'argent. Et vous non plus sans doute, dit le prêtre en regardant les chétifs vêtements de l'homme gris.

Celui-ci n'eut pas le temps de répondre, car on frappa doucement à la porte.

Il mit un doigt sur sa bouche pour recommander le silence au prêtre, et il alla ouvrir.

Sir Cooman, le digne gouverneur de Withe-Cross était sur le seuil.

Derrière lui se tenait respectueusement master

Goldsmicht, le guichetier, et derrière le guichetier la rieuse miss Penny.

Miss Penny portait un large plateau sur lequel il y avait deux bouteilles et trois verres.

Trois verres à pied, en cristal de roche, des verres mousseline, comme on dit, et deux vénérables bouteilles, couvertes de poussière et de toiles d'araignées.

— Messieurs et honorables gentlemen, dit le bon gouverneur, je viens, selon l'usage, vous faire ma petite visite, attendu qu'un gouverneur qui se respecte, doit toujours en agir ainsi avec ses nouveaux pensionnaires.

Je suis d'autant plus charmé d'en agir ainsi, très-honorables messieurs, que c'est avec une joie profonde que j'ai vu un gentleman français ramener l'espérance dans mon cœur troublé.

— Ah! oui, fit l'homme gris en riant, je suis le génie protecteur de White-Cross.

— Oui, certes, dit sir Cooman.

En même temps, il fit signe à miss Penny, qui s'approcha et posa le plateau sur la table.

— Je suis même si ravi, très-honorables messieurs, poursuivit sir Cooman, que je viens vous prier de me faire l'honneur de boire avec moi un verre de porto. Il a trente années de bouteille.

L'homme gris se prit à sourire.

— Nous acceptons de grand cœur, Votre Honneur, fit-il.

Master Goldsmicht déboucha les deux bouteilles et se mit à verser.

— Messieurs, dit sir Cooman en élevant son verre, je bois à vous, à la France et à l'Irlande.

— A la reine! dit l'homme gris.

— A vous! répéta l'abbé Samuel.

— Je bois à White-Cross, dit l'homme gris, et à sa prospérité. Bien que je n'aie passé ici que quelques heures, et que le moment de mon départ soit proche...

— Plaît-il? fit sir Cooman, qui crut avoir mal entendu.

Mais l'homme gris déboutonna alors son vieil habit, et dit gravement :

— Très-honorable gouverneur, nous allons avoir, M. l'abbé et moi, la douleur de vous quitter.

M. l'abbé doit deux cents livres, et moi vingt-cinq.

En même temps, il tira un portefeuille de sa poche, et de ce portefeuille un chèque de la banque, de la valeur de quatre mille livres.

Sir Cooman jeta un cri, et, comme si ce portefeuille eût été pour lui la tête de Méduse, il recula et laissa tomber son verre, qui se brisa en mille morceaux.

Alors l'homme gris se pencha à l'oreille de l'abbé Samuel :

— Verre blanc cassé, dit-il, signe de bonheur... nous retrouverons l'enfant !...

Sir Cooman venait de s'évanouir dans les bras de master Goldsmicht, son digne guichetier.

XXVIII

A force de vivre avec son gouverneur, master Goldsmicht, le digne guichetier, avait fini par partager ses superstitions à l'endroit du Français dont la présence protégeait White-Cross.

Il jeta donc un véritable cri de douleur, tandis que sir Cooman perdait véritablement connaissance.

L'homme gris l'aida à porter sir Cooman sur son propre lit.

Miss Penny se mit à lui jeter de l'eau fraîche au visage.

Et master Goldsmicht disait d'une voix lamentable :

— Non, Votre Honneur, vous ne ferez pas cela... vous ne sortirez pas d'aujourd'hui... si ce n'est pas comme prisonnier, restez au moins comme ami...

L'homme gris souriait.

— Je le voudrais bien, dit-il, mais nous avons affaire dans Londres, M. l'abbé et moi.

— O mon Dieu! geignit encore le guichetier, abandonnerez-vous donc White-Cross?

La fraîcheur de l'eau dont miss Penny l'aspergeait ranima sir Cooman.

Il poussa un soupir d'abord, puis ouvrit ses gros yeux ronds et jeta un cri de joie en voyant toujours le Français.

L'homme gris commençait à sourire.

— Ah! Votre Honneur est impressionnable, dit-il.

Sir Cooman sauta à bas du lit, saisit l'homme gris par le bras et lui dit:

— Vous ne vous en irez pas, au moins?

— Mais Votre Honneur...

— Non, cela n'est pas possible... vous ne pouvez pas vous en aller... vous ne voulez ni ma ruine... ni mon déshonneur, n'est-ce pas?

— Non, certes, dit l'homme gris.

— Si vous partez, tous les malheurs fondront sur moi.

— Permettez-moi de n'en rien croire, Votre Honneur. Mais si M. l'abbé et moi, nous n'étions véritablement pressés de sortir...

Sir Cooman frappa du pied avec une colère subite :

— Et qui me dit, fit-il, que ce chèque est valable ?

Et il toucha du doigt le mandat qui était toujours sur la table.

— Bah! fit l'homme gris, vous n'allez pas nier la signature de la Banque, peut-être?

Mais une lueur d'espoir s'était faite dans l'esprit de sir Cooman.

— Très-cher gentleman, dit-il, reprenant tout à coup sa voix la plus aimable, permettez, permettez! Je ne nie pas la signature de la Banque, mais...

— Mais quoi ? fit l'homme gris.

— Je puis exiger que vous acquittiez votre dette en espèces ?

— Ah !

— Pour cela, il faudra que vous fassiez toucher votre chèque par le guichetier.

— Soit, dit l'homme gris.

Sir Cooman eut un sourire de triomphe :

— Et aujourd'hui, dit-il, la chose n'est pas possible.

— Pourquoi ?

— Mais parce que la Banque est fermée, dit le gouverneur en tirant sa montre. Vous ne pourrez sortir que demain, et peut-être que d'ici là il viendra un autre Français.

L'homme gris souriait.

Sir Cooman, qui reprenait un peu courage, continua :

— Seulement, comme à partir de cette heure je ne vous considère plus tout à fait comme des prisonniers, je vous invite, monsieur l'abbé et vous, à venir ce soir prendre le thé chez mistress Cooman, qui sera très-heureuse de faire votre connaissance.

L'homme gris souriait toujours.

— Votre Honneur, dit-il, est mille fois trop bonne, mais, je le lui répète, il faut que nous sortions sur-le-champ.

— Mais puisque c'est impossible !

— Ah ! vous croyez ?

— Je ne veux pas accepter le chèque.

— En vérité ! Mais vous accepterez des bank notes.

A cette proposition, sir Cooman frissonna.

— Des bank-notes? fit-il.

— Oui.

— Vous payeriez en bank-notes?

— Sans doute.

— Oh! vous n'avez pas cette somme sur vous... je ne le crois pas... cela n'est pas vraisemblable... non, c'est même invraisemblable, n'est-ce pas, Votre Honneur?

Et la voix de sir Cooman tremblait de nouveau.

Pour toute réponse, l'homme gris déboutonna une seconde fois son vieil habit et exhiba de nouveau ce portefeuille qui avait fait à sir Cooman l'effet d'un canon rayé.

Ce portefeuille ouvert, il s'en échappa une pluie de bank-notes.

Sir Cooman jeta un cri:

— Je suis perdu! dit-il.

Mais, en ce moment, un bruit se fit qui vint frapper ses oreilles, retentit dans son cerveau et son cœur à la fois, et Goldsmicht s'élança au dehors en disant:

— Qui sait?

Ce bruit, c'était celui de la cloche, et la cloche avait tinté deux coups.

Or, cette cloche ne tintait jamais qu'une fois, quand un simple visiteur se présentait à la porte de White-Cross. Si elle se faisait entendre deux fois de suite, c'est que les recors amenaient un prisonnier.

Goldsmicht avait dit : « Qui sait ? »

Dans ces deux mots il y avait tout un monde d'espérance.

Sir Cooman ne dit rien, lui, mais se laissa tomber palpitant sur un siége.

Alors l'homme gris et le prêtre prirent en si grande pitié ce pauvre homme, qu'ils souhaitèrent, eux aussi, que le prisonnier qu'on amenait fût un Français.

Dix minutes d'angoisses sans nom pour sir Cooman et de curiosité anxieuse pour l'abbé Samuel et l'homme gris s'écoulèrent.

Puis, tout à coup, miss Penny, qui était sortie derrière son père, miss Penny reparut en criant :

— Un Français ! un Français !

L'émotion qu'éprouva sir Cooman fut si grande, en ce moment, que l'homme gris le prit dans ses bras pour l'empêcher de tomber tout de son long sur le parquet.

En même temps Goldsmicht arriva, poussant devant lui un joli petit monsieur qui avait un binocle sur le nez. un veston, un stick, un petit chapeau, de beaux favoris bruns, le type israélite, et qui disait :

— Parole d'honneur, elle est bien bonne! Ah! elle est bien bonne, celle-là! on oublie de payer les différences à la Bourse de Paris, on vient directement de Paris à Londres en passant par Bade et Bruxelles; on débarque au café de la Régence, en haut d'Hay-Markett, on se croit tranquille! Et ta sœur? Voilà qu'on m'arrête pour une misère de cent livres, alors que j'aurais pu continuer à me promener devant le passage de l'Opéra, puisque Clichy fait relâche!

Ah! elle est bien bonne! bien bonne!

Et quand le jeune homme eut débité cela tout d'une haleine, sir Cooman respira bruyamment et tendit la main à l'homme gris en lui disant :

— Monsieur, donnez-moi votre chèque, si bon vous semble et si vous préférez garder vos banknotes, vous êtes libre!

Quelques minutes après, l'homme gris et l'abbé Samuel quittaient White-Cross, accompagnés des salutations et des souhaits de sir Cooman.

Mais, au moment où ils franchissaient le seuil de la prison, un homme sortit du public-house de *Relay-last*.

C'était John Clavery, le recors, surnommé l'homme sensible.

Il vint à l'homme gris et, son chapeau à la main, il lui dit :

— Votre Honneur tiendra-t-il sa promesse ?

— Laquelle ?

— Votre Honneur m'a promis de me dire son vrai nom en quittant White-Cross.

— C'est juste, répondit l'homme gris, mais n'aimerais-tu pas autant un billet de cinq livres ?

— Oh ! très-certainement.

— Voilà cinq livres, dit l'homme gris.

Et il mit une bank-note dans la main de John Clavery.

— Après tout, murmura l'homme sensible, qu'est-ce que ça me fait de savoir ou de ne pas savoir son nom ?

Et il empocha la bank-note et salua jusqu'à terre, tandis que l'homme gris et l'abbé Samuel s'éloignaient.

XXIX

Londres allumait son million de réverbères, lorsque l'homme gris et le prêtre irlandais s'éloignèrent de Withe-Cross.

Le brouillard avait pris cette teinte rougeâtre qu'on ne lui voit qu'au bord de la Tamise, et le froid était assez vif.

— Où voulez-vous aller tout d'abord? demanda l'homme gris.

— A Saint-Gilles, dit le prêtre.

Ils remontèrent vers Holborn-street qu'ils suivirent dans toute sa longueur, puis ils longèrent Oxford-street.

Tout en marchant d'un pas rapide, ils causaient.

— Ce matin, disait l'homme gris, j'ai confié l'Irlandaise à Shoking et j'ai donné à ce dernier rendez-vous pour demain seulement.

— Pourquoi?

— Mais parce que je ne savais pas si je pourrais m'introduire aussi facilement à White-Cross.

— C'est juste. Eh bien?

— Eh bien! avant demain nous n'aurons de nouvelles ni de l'Irlandaise, ni de son fils.

— Son fils!

— Sans doute. J'ai chargé un de nos frères de suivre le gentleman qui avait pénétré dans la maison de mistress Fanoche, et je lui ai pareillement donné rendez-vous pour demain.

— En quel endroit?

— Dans la gare du chemin de fer, à Charing-Cross.

— Allons toujours à Saint-Gilles, dit le prêtre ; peut-être ceux que j'attendais ce matin ont-ils laissé une trace quelconque de leur passage.

Ils arrivèrent à l'entrée de Dudley-street, qui descend directement d'Oxford au square Saint-Gilles.

— C'est là, dit-il.

— Là?

— Oui, c'est là qu'on avait conduit la mère et l'enfant.

La maison paraissait déserte. Aucune lumière ne brillait aux croisées.

Mais tout à coup l'homme gris tressaillit.

Il venait d'apercevoir à trois pas de la maison, de l'autre côté du trottoir, un grand gaillard qui se promenait de long en large.

Et dans cet homme, il reconnut sur-le-champ le mendiant à qui il avait donné pour mission, le matin, de surveiller le gentleman.

Il marcha droit à lui et ils se rencontrèrent sous un bec de gaz.

L'homme en guenilles tressaillit à son tour, puis, étendant la main vers la maison :

— Il est là ! dit-il.

— Qui ?

— Le gentleman.

— Depuis ce matin ?

— Oh ! non. Il s'est en allé ce matin dans sa voiture, et j'ai eu bien de la peine à le suivre ; mais enfin, je l'ai suivi.

— Où demeure-t-il ?

— Chester-street, Belgrave-square.

— Son nom ?

— Lord Palmure.

Le prêtre irlandais s'approcha vivement alors.

L'homme en guenilles le reconnut et se prosterna devant lui.

— Parle, dit l'homme gris.

— Comme vous me l'aviez ordonné, reprit l'Irlandais, lorsque j'ai su le nom et l'adresse du gentleman, je suis revenu me mettre en observation ici.

Pendant tout le jour, il ne s'est rien passé d'extraordinaire.

La vieille dame n'est pas sortie.

Mais, il y a une heure environ, j'ai vu un homme enveloppé dans un mac-farlane ; son chapeau enfoncé sur les yeux, qui venait ici en rasant es murs.

Je me suis effacé pour le laisser passer, et je l'ai reconnu.

C'était lui.

— Lord Palmure?

— Oui.

— Et il est toujours dans la maison?

— Toujours.

— Monsieur l'abbé, dit l'homme gris, il faut absolument que je pénètre dans cette maison.

— Comment? demanda le prêtre.

— Je ne sais pas, mais j'y entrerai... probablement par la petite porte du jardin qui ouvre sur la ruelle. Seulement, il faut que vous et cet homme restiez ici.

L'abbé Samuel commençait à avoir dans l'homme gris une confiance aveugle.

— Soit, dit-il, mais qu'y ferons-nous?

— Si le gentleman ressort avant que je ne sois revenu, vous le suivrez.

— C'est bien.

Et l'abbé et l'homme en guenilles se dérobèrent sous le porche, plein d'ombre, de la maison voisine.

Alors l'homme gris gagna au pas de course la petite ruelle par où il était sorti le matin.

Quand il fut vers le milieu, il lui sembla qu'on marchait derrière lui.

Il se retourna.

Une forme noire s'agitait dans le brouillard, et il n'eut pas de peine à reconnaître un policeman.

Il s'arrêta, la forme noire en fit autant.

— Oh! oh! se dit-il, voyons donc ça!

Et il se remit en route.

Le policeman le suivit.

Comme il passait devant la petite porte du jardin, il leva les yeux et vit de la lumière qui se reflétait sur les branches touffues d'un arbre.

Cette lumière partait évidemment du sous-sol.

Comme il s'était arrêté, le policeman doubla le pas et se rapprocha de lui.

— Bon! pensa l'homme gris, je te devine!... tu vas voir, mon bonhomme, que je suis aussi malin que toi.

Et il s'arrêta devant une autre porte, à dix pas plus loin, et se mit à la tâter, pour s'assurer qu'elle était fermée.

Puis il se remit en marche et fit la même chose à trois portes plus loin.

Après quoi, il rebroussa chemin, traversa la

ruelle et recommença son manége, sans paraître se préoccuper du policeman qui le suivait toujours.

Or, il faut dire tout de suite que le policeman de nuit, le watchman, comme on dit, s'assure de temps en temps que les portes sont bien fermées.

S'il en trouve une ouverte, il sonne, réveille le propriétaire et le force à venir la fermer.

En se mettant à tâter ainsi les portes, l'homme gris se donnait aussitôt le rôle d'un homme de police déguisé.

Le policeman se laissa prendre à cette ruse; il traversa la rue et vint droit à lui.

— Hé! camarade, dit-il, tu oublies que tu n'es pas en uniforme.

— C'est vrai, répondit l'homme gris, mais la force de l'habitude...

— Ah! c'est juste. Que fais-tu par ici?

L'homme gris cligna de l'œil :

— Et toi? fit-il.

Le policeman se mit à rire :

— Je le vois, dit-il, tu es un des quatre que le lord a demandés ce soir à Scotland-Yard?

— Oui, fit l'homme gris.

— Singulière fantaisie, reprit le policeman, de quitter son hôtel, et un quartier aussi sûr que

Belgrave-square, pour venir à pied, la nuit, dans le plus dangereux endroit de Londres.

Il n'y a que des Irlandais par ici, et s'ils savaient qu'ils ont affaire à un membre de la chambre haute...

— Chut! fit l'homme gris.

— Au fait, dit le policeman, cela ne nous regarde pas.

— C'est égal, reprit l'homme gris, il y a déjà plus d'une heure qu'il est dans la maison.

— C'est vrai.

— Et je commence à être inquiet.

Sur ces mots, il se rapprocha de la porte du jardin.

Or l'homme gris se souvenait : sur le matin, il était sorti par cette porte en la tirant après lui.

A moins que la vieille dame, revenue de sa surprise et de son épouvante, n'eût songé à donner un tour de clef, elle ne devait être fermée qu'au loquet.

L'homme gris ne se trompait pas.

Il mit la main sur le loquet et la porte céda.

— Que fais-tu donc là? demanda le policeman étonné.

— Je vais voir s'il n'arrive pas malheur au patron.

Et ce disant, l'homme gris pénétra dans le jardin, referma la porte et eut la précaution, lui, de donner un tour de clef.

Puis, guidé par la lumière, il s'avança sans bruit vers la maison.

La lumière partait, en effet, du sous-sol, et l'homme gris s'étant baissé, aperçut, à travers les vitres d'un petit parloir attenant aux cuisines, la vieille dame aux bésicles et le gentleman qu'il avait vu le matin.

Tous deux étaient assis et causaient.

L'homme gris se coucha à plat ventre pour écouter ce qu'ils se disaient.

XXX

Pour expliquer la présence de lord Palmure dans la maison de mistress Fanoche à cette heure indue, il faut nous reporter au matin de ce jour, à l'heure où l'homme gris et ses compagnons avaient battu en retraite par le jardin, la petite porte et la ruelle.

Lord Palmure, à qui Schoking, la veille, avait porté le numéro de la maison et le nom de la rue, venait, tout naturellement en plein jour, pensant que rien n'était plus facile que de voir l'Irlandaise et son fils, et de leur dire : Celui que vous pleurez, votre époux et votre père, était mon ami, et je vous offre l'hospitalité.

De cette façon il supprimait, dès la première heure, ce jeune aiglon que l'Angleterre redouterait un jour.

Lord Palmure avait été fort étonné de demeurer un grand quart d'heure à la porte.

Il avait sonné au moins quatre fois, lorsque la vieille dame finit par lui ouvrir.

Elle n'avait pas cependant perdu de temps, la dame aux bésicles; mais elle avait réparé le désordre de sa toilette, calmé son émotion, fermé la porte du parloir qui menait au jardin; puis elle était allée ouvrir, pressentant que si les autres avaient pris la fuite, c'est que le nouveau venu ne pouvait être qu'un auxiliaire que le ciel lui envoyait.

— Pardonnez, Votre Honneur, dit-elle, en se trouvant en présence de lord Palmure, j'étais dans le jardin où les enfants jouent, et ils m'assourdissaient de leurs cris, au point que je n'entendais pas sonner.

En même temps, elle indiqua le parloir au visiteur, avec force salutations et révérences.

— Madame, lui dit lord Palmure, vous tenez un pensionnat, n'est-ce pas?

— Oui, monsieur.

— Vous avez une associée ?

— Oui, monsieur, mais elle est à la campagne.

— Peu importe ! Hier, vous avez donné l'hospitalité à une jeune femme et à un enfant ?

La dame aux bésicles tressaillit. Elle crut qu'elle avait affaire au mari de miss Émily.

— Est-ce donc à sir John Waterley que j'ai l'honneur de parler? dit-elle.

— Non ; je me nomme lord Palmure.

— Ah !

Et la dame aux bésicles se mordit les lèvres et se tint dès lors sur la réserve.

Lord Palmure continua :

— Je viens chercher cette femme et cet enfant, qui sont un peu de mes parents, reprit lord Palmure.

— Mais, mylord, dit la vieille dame, tous deux sont partis.

— Quand?

— Ce matin.
— Où sont-ils allés ?
— Voilà ce que je ne sais pas.

Lord Palmure arrêta sur elle un œil investigateur.

— Me dites-vous bien la vérité, madame ? murmura-t-il.

— Oui, milord. Cependant...

— Eh bien ?

— Mon associée pourrait peut-être vous dire ce que j'ignore.

— Ah ! et où est-elle, votre associée ?

— A la campagne, mais elle reviendra peut-être dans la journée... et si vous-même vous vouliez revenir ce soir ?...

La maison, le parloir, la vieille dame, tout, aux yeux de lord Palmure, sentait le mystère.

Il pensa que le moment était venu de faire jouer ce ressort puissant qui est surtout le levier de l'Angleterre, l'argent.

— Madame, dit-il, je vous promets cent livres sterling, si vous me dites, ce soir, où je retrouverai l'Irlandaise et surtout l'enfant.

— Ah ! c'est l'enfant auquel Votre Honneur tient ?

— Oui, madame.

Cette vieille femme osseuse avait un sang-froid merveilleux et une présence d'esprit admirable.

— Eh bien! milord, dit-elle, revenez ce soir, je vous promets de vous donner les renseignements que vous me demandez.

Lord Palmure, une fois parti, la vieille dame se fit le raisonnement suivant :

— Mistress Fanoche a absolument besoin de l'enfant ; ces hommes qui sont venus ici voulaient m'étrangler parce que je me refusais à leur dire où il était; enfin, voici un noble lord, dont j'ai vu le nom dans le *Times*, et qui siége certainement au parlement, voici un noble lord qui s'intéresse pareillement à lui... il faut voir... il y a peut-être une petite fortune pour moi dans tout cela...

Et la vieille dame s'abîma si bien dans ses calculs et ses rêves de fortune, qu'elle oublia sa fureur contre les petites filles, les laissa jouer et ne mit point en branle son terrible martinet.

La journée lui parut longue.

Enfin, le soir vint.

Mistress Fanoche n'avait point paru, et la vieille dame s'était fait le raisonnement suivant :

— Si je garde le secret, si je refuse l'argent de lord Palmure, mistress Fanoche, touchée de ma belle conduite, me donnera un châle de trente shillings et des souliers fourrés pour l'hiver. Là s'arrêtera la générosité de cette femme ingrate, qui m'a toujours traitée comme rien du tout en me reprochant le peu qu'elle faisait pour moi.

Et, résolue à trahir mistress Fanoche, elle se dit encore :

— Mais il ne faudra pas songer à rester à Londres ; je la connais, mistress Fanoche, elle est vindicative comme une Italienne ; elle me ferait étrangler par Wilton.

Si lord Palmure veut savoir où est l'enfant, il y mettra le prix et m'assurera mon avenir.

Lord Palmure revint vers huit heures du soir.

Le noble personnage avait, lui aussi, beaucoup réfléchi depuis le matin.

La ressemblance du petit Irlandais avec le frère qui était mort, après avoir porté les armes contre l'Angleterre, ne lui laissait plus aucun doute, surtout quand il songeait aux mystérieuses paroles échappées à l'Irlandaise, sur le *Penny-Boat*; car il avait parfaitement entendu celle-ci dire à mistress Fanoche qu'elle avait rendez-vous le lendemain matin, à Saint-Gilles, à la messe de huit heures.

Or, le matin, lord Palmure était allé à Saint-

Gilles, et n'ayant vu ni la mère ni l'enfant, il était venu sonner à la porte de mistress Fanoche.

Le petit Irlandais était donc le fils de sir Edmund, ce frère mort pour l'Irlande sur un gibet infâme.

Et cet enfant, les fils de l'Irlande l'attendaient peut-être comme un chef.

Par conséquent, il fallait l'avoir à tout prix.

Or, lord Palmure s'était dit encore :

— Dudley-street est au cœur du quartier irlandais, et il serait imprudent à moi d'y aller dans ma voiture.

Il s'était donc rendu à pied, non sans avoir demandé à Scotland-Yar, qui est la préfecture de police de Londres, une escorte de quatre policemen.

La vieille dame avait fait coucher les petites filles et se trouvait seule quand lord Palmure arriva.

Elle vint lui ouvrir sans lumière et lui dit d'un ton de mystère :

— Suivez-moi dans le sous-sol, milord; là, nous pourrons causer tout à notre aise.

Lord Palmure ne fit aucune objection.

Il était de plus en plus convaincu que la vieille

dame savait quelle importance les Irlandais attachaient à cet enfant.

Une fois dans le sous-sol, la vieille dame ferma la porte.

— Milord, dit-elle, je sais où est l'enfant.

— Ah !

— Mais je ne le dirai à Votre Honneur que si Votre Honneur accepte certaines conditions.

— Parlez...

— Je risque ma vie.

— Ah ! vraiment ?

— Ma vie et mon pain quotidien.

— Quelle somme vous faut-il ? demanda froidement lord Palmure.

— De quoi vivre honnêtement le reste de mes jours.

— Cent livres sterling par an vous conviendraient-elles ?

— Soit, dit-elle, mais ce n'est pas tout...

— Quoi encore ?

— Je veux quitter Londres, et il faut que les gens que je vais trahir ne puissent retrouver ma trace.

— Voulez-vous aller sur le continent ?

— Non, mais j'irais volontiers habiter Brighton.

— Vous irez où vous voudrez.

Comme lord Palmure disait cela, la vieille dame se leva vivement.

— Qu'est-ce donc? fit-il.

— Il me semble, dit-elle avec effroi, que j'ai entendu du bruit dans le jardin.

Et elle s'élança hors du sous-sol.

XXXI

Le bruit que la vieille dame venait d'entendre avait été causé par l'homme gris, comme on va le voir.

Nous avons vu ce dernier s'approcher de cette fenêtre éclairée qui donnait sur le jardin.

S'étant couché à plat ventre, l'homme gris voyait distinctement lord Palmure et la vieille dame, mais il ne pouvait pas entendre ce qu'ils disaient; et il voulait entendre.

Un arbre croissait auprès de la fenêtre.

Au-dessus de la fenêtre et juste en face de cet arbre, l'homme gris remarqua une de ces rosaces qui ne sont autres que des ventilateurs et que les Anglais posent dans presque toutes leurs pièces.

S'il fait trop froid, on allume un bec de gaz qui se trouve au milieu.

Le ventilateur qui se compose de petites lames de tôle attire à lui la fumée et le son.

L'homme gris en le découvrant se dit :

— Je crois que voilà mon affaire.

Et il grimpa sur l'arbre et appuya son oreille au ventilateur ; mais une branche de l'arbre craqua sous son poids et ce fut le bruit qui vint frapper l'oreille de la vieille dame.

Tout autre fût tombé lourdement sur le sol.

L'homme gris, leste comme un chat, se rattrapa aux branches supérieures et se soutint à bras tendus à quelques pieds au-dessus du sol, tandis que la vieille dame inspectait minutieusement le jardin et ne pensait pas à lever le nez en l'air.

— C'était dans la ruelle sans doute, se dit-elle.

Et elle rejoignit lord Palmure.

Alors l'homme gris chercha un point d'appui sur une autre branche et l'oreille appuyée au ventilateur, il écouta.

— Eh ! dit lord Palmure, qu'est-ce donc ?

— Ah! que j'ai eu peur! dit la vieille dame.

— En vérité!

— Mylord, reprit-elle croyant devoir mettre à profit ce petit événement et en tirer bon parti. Je crois que je ferais mieux de vous laisser aller.

— Mais, chère dame...

— Si je trahis mon associée, elle me tuera.

— Quelle folie!

— Je suis une pauvre femme, voyez-vous, mylord, et je n'ai ni grande aisance, ni grande joie dans la vie. Cependant j'y tiens...

Et elle tremblait et paraissait tout à fait bouleversée.

— Mais, chère dame, dit lord Palmure, si je vous prends sous ma protection, qu'avez-vous à craindre?

— Ah! n'importe! dit-elle, je ne parlerai que lorsque je serai sur la route de Brighton.

— Comment, vous ne me direz pas ce soir où est l'enfant?

— Non.

Il y avait dans cette réponse un entêtement dont lord Palmure désespéra de triompher.

— Du reste, reprit la vieille dame, rassurez-vous, l'enfant ne court aucun danger; vous le retrouverez demain aussi bien qu'aujourd'hui.

— Vous me le jurez!

— Tenez, mylord, reprit la vieille dame, je vais vous faire une proposition.

— Parlez.

— Demain, à sept heures du soir, apportez-moi mon contrat de rente.

— Bon!

— Une trentaine de livres pour mes premiers frais d'installation.

— Ensuite?

— Prenez-moi dans votre voiture et je vous conduirai où est l'enfant.

— Soit, dit lord Palmure.

Et il se leva.

Alors l'homme gris se laissa glisser au bas de l'arbre et se sauva en murmurant :

— Maintenant, nous voilà fixés. Ce n'est pas lord Palmure qui aura l'enfant, c'est nous...

Il profita du moment où, d'après ses calculs, la vieille dame passait sur le devant de la maison pour reconduire lord Palmure jusqu'à la porte, et il ouvrit celle de la ruelle.

Le policeman se promenait toujours de long en large.

Il vint à l'homme gris.

— Eh bien ? dit-il.

— Tout va bien, répondit celui-ci.

Et il descendit la ruelle en courant jusqu'aux Sept-Cadrans.

Quelques minutes après, il vit passer lord Palmure qui redescendait Dudley-street.

A dix pas derrière lui cheminaient l'abbé Samuel et l'homme en guenilles.

L'homme gris alla droit à eux.

— Eh bien ! fit l'abbé Samuel avec anxiété.

— Il est inutile de suivre ce personnage, dit l'homme gris.

— Ah !

— Demain à pareille heure, nous aurons l'enfant.

— Dites-vous vrai ?

— Vous allez en juger vous-même, monsieur l'abbé.

Et l'homme gris raconta au prêtre ce qu'il avait entendu.

Puis il ajouta :

— Ah ! si je savais où Shoking l'a conduite, comme j'irais rassurer cette pauvre mère. Mais, hélas ! Londres est si vaste que nous les cher-

cherions inutilement toute la nuit. Il faut attendre à demain.

— Demain ! fit le prêtre, demain existe-t-il toujours ?

— Il faut l'espérer, dit l'homme gris. Maintenant, où voulez-vous aller ?

— A Saint-Gilles.

— Allons ! dit l'homme gris.

Et tous trois se mirent en route.

La pauvre église de Saint-Gilles est à deux pas des Sept-Cadrans.

A Londres, et dans toute l'Angleterre, du reste, le culte catholique n'est point reconnu, mais simplement toléré.

Il s'ensuit que les fidèles sont obligés de se cotiser pour subvenir à l'entretien de l'église, à la subsistance du prêtre, et que l'autel et le ministre sont très-pauvres.

L'église était fermée, mais l'abbé Samuel avait une clef de la petite porte qui s'ouvrait dans le chœur.

Au bruit que fit cette porte en s'ouvrant, un homme qui était agenouillé devant l'autel, sous la lampe du chœur, se leva vivement.

C'était un grand vieillard en surplis, dont la barbe blanche tombait jusque sur sa poitrine.

14

Il vit l'abbé Samuel, le reconnut, et, malgré la sainteté du lieu, il ne put maîtriser un cri.

Puis, courant vers lui les bras tendus :

— Mon Dieu ! dit-il, d'où venez-vous donc ! Avez-vous oublié le 27 octobre ! C'était ce matin. La foule était compacte.

Elle a longtemps attendu.

— Hélas ! répondit le prêtre, j'étais en prison.

— En prison !

Et le vieillard regarda l'homme gris et celui qui l'accompagnait avec défiance.

— Ce sont des frères, dit l'abbé Samuel.

— Ah ! fit le vieillard.

Et dès lors il continua:

— La foule s'est dissipée, lasse d'attendre. Oh ! sans doute, parmi elle se trouvaient ceux que nous attendions. Mais le prêtre n'est point monté à l'autel, et ils sont partis. Comment les retrouverons-nous ?

— Oui, répéta l'abbé Samuel avec désespoir, comment ?

Un sourire vint aux lèvres de l'homme gris :

— Nous les retrouverons, dit-il.

— Ah !

Et le vieillard en surplis et le jeune prêtre se suspendirent aux lèvres de cet homme que rien n'effrayait.

— Écoutez-moi, dit-il, il y a à Londres deux cents journaux qui sont lus par des millions d'hommes.

— Eh bien ?

— Que dans chacun de ces journaux on publie ces deux lignes : « Le clergé de Saint-Gilles prévient les fidèles que la cérémonie religieuse qui devait avoir lieu le 27 octobre, est ajournée au 3 novembre, à la même heure. » Ne pensez-vous pas que ces lignes tomberont sous les yeux de ceux qui venaient, l'un de l'Irlande, l'autre d'Amérique, l'autre d'Écosse, et le quatrième du comté de Galles !

— Et l'enfant ? demanda le vieillard.

— Nous savons où le trouver, répondit l'homme gris.

— Mais, fit l'abbé Samuel, je ne puis faire ce que vous dites-là, il faut beaucoup d'argent.

— J'en ai, dit l'homme gris.

Et il ajouta avec un sourire :

— J'ai des millions au service de l'Irlande !

XXXII

Que s'était-il passé depuis la veille pour la pauvre Irlandaise?

Elle avait pleuré à chaudes larmes, lorsque le bon Shoking était revenu lui dire que son fils n'était plus dans la maison de mistress Fanoche.

Le mendiant philosophe avait même été obligé d'user de toute son éloquence d'abord, et ensuite de toute sa force physique, pour l'empêcher de s'élancer hors du cab et d'aller sonner elle-même à la porte de la petite maison.

Shoking était un homme de tête et de résolution.

Il comprit qu'il fallait éloigner l'Irlandaise sur-le-champ, et il cria au cabman :

— Mène-nous dans Greet-Newport-street !

Dans cette rue, Shoking, qui avait connu des temps plus heureux, se souvenait qu'il y avait un boarding où on logeait pour un shelling six pence, thé et beurre compris, que cet établissement, tenu par la veuve d'un négociant ruiné, était convenable et décent, et qu'on n'y recevait pas tout le monde.

En quelques minutes, le cab s'arrêta devant le boarding.

Shoking força l'Irlandaise à descendre, demanda une chambre, s'y installa avec elle, et lui dit:

— Voyons, ma chère, raisonnons un peu, et, au lieu de pleurer, écoutez-moi.

— Rendez-moi mon enfant! disait la pauvre femme éperdue.

— Puisque nous le retrouverons.

— Oh! vous dites cela pour me consoler; mais il n'en est rien, je le sens bien.

— N'avez-vous donc pas confiance dans l'homme gris?

Elle secoua la tête.

— Ni dans le prêtre?

Ce dernier mot la fit tressaillir. En effet l'abbé Samuel n'était-il pas le prêtre qui aurait dû, ce matin-là, dire la messe à Saint-Gilles.

La pauvre Irlandaise, qui pleurait toujours, dit encore:

— Mais le prêtre est en prison?

— Il en sortira.

— Quand donc, hélas!

— Peut-être aujourd'hui, demain pour sûr, car l'homme gris me l'a dit, et tout ce que dit l'homme gris est vrai.

A force de raisonnement et de patience, le bon Shoking était parvenu à remettre un peu d'espoir au cœur de la malheureuse mère.

Ce n'était, après tout, qu'une journée et qu'une nuit à passer, puisque le lendemain on reverrait l'homme gris et avec lui l'abbé Samuel.

L'Irlandaise parut se résigner.

Elle ne pleura plus, elle ne parla plus et parut concentrer sa douleur.

Elle finit même par obéir à Shoking, qui parvint à lui faire prendre quelque nourriture.

Pendant toute la journée, Shoking ne la quitta point.

Quand la nuit fut venue, il lui conseilla de se mettre au lit.

L'Irlandaise céda.

Il se faisait dans l'esprit de la pauvre mère un revirement singulier.

Elle avait foi en Shhoking, elle n'aurait pas voulu le quitter; mais elle nourrissait une idée fixe, retourner dans cette rue où on lui avait volé son enfant.

— Il me semble que je le retrouverai, moi!

disait-elle ; que ces femmes n'oseront pas le cacher plus longtemps ; qu'elles me le rendront.

Elle s'était donc mise au lit avec l'espoir que Shoking sortirait.

En effet, le mendiant philosophe, qui avait pris une chambre à côté de la sienne, se glissa bientôt dehors, et l'Irlandaise, qui avait l'oreille aux aguets, l'entendit qui descendait l'escalier.

Elle se mit à la fenêtre et regarda dans la rue.

Shoking sortit du boarding ; puis il se mit à cheminer d'un pas rapide, descendant la rue et se dirigeant sans doute vers Leicester-square.

Si bon, si honnête qu'il fût, Shoking n'était pas exempt de petits défauts.

Depuis le matin, il avait été tout entier au service du malheur et de la vertu.

Mais à présent la vertu dormait, — il le croyait du moins, — Shoking pouvait bien faire quelque chose pour ses vices.

Or, depuis vingt-quatre heures, Shoking avait de l'or dans ses poches, ce qui ne lui était peut-être jamais arrivé, et depuis vingt-quatre heures, Shoking n'avait peut-être jamais eu le gosier aussi sec.

Il s'en allait donc boire une bouteille de stout,

bien persuadé que l'Irlandaise, brisée par l'émotion et la fatigue, ne tarderait pas à s'endormir, si elle ne dormait déjà.

Shoking se trompait.

L'Irlandaise, en chemise et nu-pieds, le suivit du regard jusqu'à ce qu'elle l'eût vu tourner le coin de la rue.

Alors elle s'habilla à la hâte et ouvrit la porte sans bruit.

La maison tout entière était louée en garni.

La maîtresse du boarding se tenait au rez-de-chaussée, dans un petit parloir où elle se calfeutrait auprès du poêle et, passé huit heures du soir, elle ne s'occupait plus de ses locataires, qui allaient et venaient, rentraient et sortaient à leur fantaisie, ceci étant convenu qu'à Londres on fait ce qu'on veut.

Il y avait bien un carreau vitré qui permettait de jeter un coup d'œil du fond du parloir dans le corridor; mais la bonne dame, qui lisait toujours fort attentivement, ne daignait même pas tourner la tête.

L'Irlandaise passa rapide devant le carreau, ouvrit la porte qui ne fermait qu'au loquet et s'élança dans la rue.

Puis elle se mit à courir droit devant elle, en remontant Newport-street.

Le souvenir du chemin qu'elle avait fait le matin lui restait dans l'esprit.

Elle marcha bien un peu au hasard d'abord, mais à force de tourner et de retourner dans quelques ruelles, elle arriva dans Saint-Martin's-lane.

Là elle se reconnut tout à fait.

— Oh! dit-elle en doublant le pas, il faudra bien qu'elles me rendent mon enfant!...

Elle faisait allusion à mistress Fanoche et à la vieille dame aux bésicles.

Et comme elle marchait d'un pas rapide, elle se heurta à un homme qui allait en sens inverse.

Soudain cet homme jeta un cri et l'Irlandaise elle-même laissa échapper une exclamation de surprise et presque de joie. Elle venait de reconnaître le gentleman du *Penny-Boat* celui-là même qui avait promis dix guinées à Shoking, s'il lui apportait l'adresse de l'Irlandaise, lord Palmure enfin, qui s'en revenait de chez mistress Fanoche, où il avait conclu son petit marché avec la vieille dame

Depuis qu'il avait retrouvé l'Irlandaise dans le public-house du Cheval noir, Shoking avait oublié de lui parler de lord Palmure, ou plutôt il n'avait pas osé lui dire de quelle mission celui-ci l'avait chargé.

L'Irlandaise n'avait donc aucune raison de se défier du gentleman.

De plus, même il lui semblait maintenant que tous ceux qu'elle avait rencontrés sur le *Penny-Boat* ne pouvaient être indifférents.

— Vous! s'écria lord Palmure, vous, ma chère?

Cet homme avait un air respectable, comme on dit en Angleterre, et Shoking et l'homme gris n'étaient, après tout, que des mendiants.

L'Irlandaise éprouva un sentiment de confiance aveugle en lord Palmure, obéissant sans doute à la voix de la fatalité.

— Oh! dit-elle, c'est le ciel qui me fait vous rencontrer!

— Mais vous pleurez! s'écria lord Palmure.

— Mon fils, dit-elle d'une voix étouffée.

— Eh bien?

— On me l'a volé?...

Et joignant les mains, elle ajouta avec l'accent de la prière :

— O vous qui paraissez noble et bon, ô vous qui sans doute êtes puissant, rendez-moi mon enfant... je vous en prie à genoux...

Lord Palmure ignorait qu'on eût séparé la mère et l'enfant.

Que s'était-il donc passé?

Il prit l'Irlandaise par le bras et avec un flegme tout britannique, il appela un hanson qui passait.

— Montez, dit-il à l'Irlandaise; si on vous a pris votre enfant, je vous le rendrai, moi; je suis pair d'Angleterre et j'ai tout pouvoir.

Et il dit au cabman :

— Chester-street, Belgrave-square.

Et le hanson partit, emportant loin de Newport-street et du misérable boarding, l'Irlandaise désormais au pouvoir de lord Palmure.

Pendant ce temps, le bon Shoking buvait tranquillement à Évan's-tavern, dans les rues de Covent-Garden.

XXXIII

L'Irlandaise n'avait entendu qu'un mot dans tout ce que lui avait dit lord Palmure :

— Je suis pair d'Angleterre !

La malheureuse femme, depuis vingt-quatre heures qu'elle était à Londres, avait été livrée à tant de secousses, disputée par tant de gens en guenilles, qu'elle commençait à respirer en se voyant pour compagnon et pour protecteur un homme qui disait appartenir à la haute noblesse du royaume.

Les autres lui avaient promis de lui rendre son fils et ils n'avaient point tenu leur parole; pourquoi donc aurait-elle plus de confiance en eux qu'en cet homme qui parlait de haut et dont le maintien et la mise aristocratiques attestaient le pouvoir?

D'ailleurs, lord Palmure avait le langage doré de ceux qui veulent apprivoiser le peuple.

— Mon enfant, dit-il, tandis que le hanson roulait rapidement, voulez-vous que je vous parle à cœur ouvert? Ce n'est pas le hasard qui m'a fait vous rencontrer, car je vous cherche depuis hier, dans l'immensité de Londres.

— Vous me cherchez, moi? fit-elle étonnée.

— Oui.

— Mais... pourquoi?

— Parce que votre enfant... votre cher enfant que vous pleurez... et que je vous rendrai, je vous le jure, — votre enfant me rappelle un autre enfant que j'ai connu dans ma jeunesse... que j'ai aimé... qui fut mon meilleur ami...

La voix de lord Palmure était pleine d'émotion tandis qu'il parlait ainsi.

— Cet ami disparu, cet ami mort, hélas! pour une noble cause...

L'Irlandaise tressaillit. Le lord continua :

— Ce cher Edmund...

— Edmund! s'écria l'Irlandaise.

— Oui.

— Vous l'appelez Edmund?

— Sans doute. Eh bien! il aurait pu être le père de votre enfant...

Lord Palmure s'arrêta et regarda Jenny qui était devenue toute tremblante.

— Pauvre Edmund, dit-il encore, il est mort pour l'Irlande...

Cette fois l'Irlandaise jeta un cri.

— L'homme que vous avez connu, dit-elle, l'homme que vous avez aimé!...

— Oh! si je l'aimais!...

— Cet homme, poursuivit l'Irlandaise, se nommait sir Edmund... et il est mort pour l'Irlande...

— Oui... il est mort... sur un gibet!... et c'était mon frère, acheva lord Palmure avec un sanglot dans la voix.

— C'était mon époux, dit l'Irlandaise, c'était le père de mon enfant.

— Ah ! je l'avais deviné hier, sur le *Penny-Boat*, s'écria lord Palmure.

Et il prit l'Irlandaise dans ses bras.

— Mon enfant, ma sœur, dit-il, ne pleurez plus... l'enfant est retrouvé !... votre enfant, le mien, le sang de mon bien-aimé frère Edmund.

Et lord Palmure avait su pleurer et il inondait l'Irlandaise de ses larmes.

— Mon fils est retrouvé, dites-vous ? retrouvé, mon fils ? Oh ! vous ne me trompez pas ?...

— Non, je vous le jure.

— Mais où est-il ?... chez vous ?...

— Oui, dans un de mes châteaux, à trente lieues de Londres... et je vais tout vous dire.

— Parlez, murmura-t-elle éperdue.

— Vous êtes tombée hier au milieu d'une bande de coquins, de voleurs d'enfants, poursuivit lord Palmure. On vous a séparée de votre fils, n'est-ce pas ?

— Oui, on m'a endormie...

— Bien, et on vous a portée dans la rue...

— Quand je suis revenue à moi, je me suis trouvée sur une place déserte, dans un lieu inconnu...

— Continuez, mon enfant, continuez, dit lord Palmure, qui tenait à apprendre les aventures de l'Irlandaise pour consolider le petit roman qu'il construisait au fur et à mesure.

Alors la crédule Jenny lui raconta tout ce qui s'était passé dans Welleclose-square, au public-house de Black-Horse, le danger qu'elle avait couru et auquel l'avait arrachée l'homme gris, puis l'arrivée du prêtre et son arrestation ensuite, et enfin cette expédition qui avait pour but de retrouver l'enfant et qui était restée infructueuse.

Ce récit jetait un jour tout nouveau sur la disparition de l'enfant.

Évidemment ceux qui le cherchaient étaient les amis de l'Irlande et savaient qui il était.

Ceux qui l'avaient volé n'étaient plus que de vulgaires coquins, qui trafiquaient d'un enfant comme de toute autre marchandise.

Et lord Palmure regretta les promesses qu'il avait faites à la vieille dame, car il avait cru sincèrement qu'elle trahissait pour lui la grande cause de l'Irlande.

En ce moment, le hanson s'arrêta.

Il était à la porte de l'hôtel de lord Palmure.

Le lord descendit le premier et tendit la main à Jenny.

Celle-ci jeta autour d'elle un regard ébahi. Elle était dans Chester-street, au centre de Belgrave-square, dans le Londres opulent, le Londres des palais de la noblesse.

Ici plus de ruelles tortueuses, plus de boutiques mal éclairées, plus de public-houses.

Des palais et des palais encore !

— Voilà où est né sir Edmund ! dit lord Palmure en sonnant à la porte de l'un d'eux.

— Est-ce possible ? fit-elle en joignant les mains.

— Je reconnais bien là, pensa lord Palmure, le caractère sauvage, dédaigneux et fier, de sir Edmund. Il a épousé cette femme, et il ne lui a jamais parlé des persécutions de sa famille. Il n'a pas daigné nous accuser !... Elle ne sait rien.

La porte ouverte, Jenny se trouva au seuil d'une vaste cour d'honneur.

Elle passa, elle, la paysanne des côtes d'Irlande, avec ses pauvres habits, donnant la main à lord Palmure, au milieu d'une double haie de laquais chamarrés d'or.

Lord Palmure la conduisit ainsi à un perron de quelques marches, qui donnait accès dans un vestibule éclairé par des lampes à globe dépoli.

Puis il poussa une porte à gauche, et l'Irlandaise qui croyait rêver se vit dans un salon magnifique.

— Venez vous asseoir là, mon enfant, dit le lord en entraînant l'Irlandaise sur une ottomane perpendiculaire à la cheminée.

L'Irlandaise tremblait de joie et d'émotion.

Jamais, dans ses rêves, elle n'avait vu de pareilles splendeurs.

Alors lord Palmure sonna.

Un laquais parut.

— Miss Ellen est-elle chez elle? dit-il.

— Oui, mylord.

— Priez-la de descendre, et dites-lui que la personne que nous cherchions est retrouvée.

Le laquais s'inclina et sortit.

Quelques minutes après, la porte se rouvrit et une jeune fille entra.

Mais une jeune fille si belle que l'Irlandaise recula surprise, éblouie et tremblante, et qu'elle regarda ses bas de laine et ses pauvres chaussures couvertes de boue avec un sentiment de honte.

Si belle, que la beauté merveilleuse de l'Irlandaise pâlissait auprès.

Et la jeune fille vint à elle et lui tendit la main.

— Miss Ellen, dit lord Palmure, voilà la veuve de mon bien-aimé frère sir Edmund.

Et il dit à l'Irlandaise, en prenant miss Ellen par la main :

— C'est ma fille.

XXXIV

Le bon Shoking avait donc passé sa soirée à Evan's-tavern, dans les caves de Covent-Garden.

Il avait mangé une omelette écossaise au fromage, bu un verre de bitter mélangé de gin, et fumé deux cigares à trois pence.

Shoking ne se refusait plus rien.

Il était une heure du matin quand il songea à regagner le boarding où il avait laissé l'Irlandaise.

Il flageolait un peu sur ses jambes en sortant, et il jeta un regard incendiaire sur la gaze des tribunes qui, dans cet établissement pudibond, dérobe aux hommes la vue des quelques femmes qui viennent entendre chanter des messieurs en habit noir ou assister aux tours d'adresse d'un clown qui fait avec son nez et son chapeau les tours les plus extraordinaires.

Shoking regagna donc le boarding.

C'était un peu, nous l'avons dit, la maison du bon Dieu.

On entrait et on sortait comme on voulait.

Passé minuit, les locataires se servaient d'un petit passe-partout qu'on leur donnait lors de leur installation, trouvaient leur chandelle et leur clef dans le corridor, sur une tablette, et s'allaient coucher sans bruit.

Ce que l'Anglais respecte le plus, c'est le sommeil d'autrui.

Malgré sa légère ébriété, Schoking monta l'escalier avec précaution.

Il lui fallait passer devant la porte de l'Irlandaise pour arriver à la sienne.

La vue de cette porte lui donna un léger remords.

— Je suis bien inconvenant, se dit-il ; tandis que cette pauvre femme pleure, je suis allé me divertir. Je suis un sans-cœur.

Il s'approcha de la porte et colla son oreille à la serrure.

Mais le plus profond silence régnait dans la chambre.

— Elle dort, pensa Shoking. Pauvre femme, va !

Et il entra chez lui sur la pointe du pied et se mit au lit, prenant garde de remuer les meubles et de faire le moindre bruit.

Une fois couché, Shoking s'endormit profondément, grâce aux fumées de gin mélangé de bitter, et rêva qu'il était véritablement gentleman et qu'il caracolait sur un cheval de pur sang dans les allées de Hyde-park.

Quand le rêve est agréable, le sommeil se prolonge.

Londres, du reste, n'est pas la ville matinale, on y vit la nuit. Le matin, rien n'y bouge avant neuf ou dix heures.

Shoking dormit donc jusque vers dix heures et demie.

En s'éveillant, il s'aperçut bien qu'il n'était pas gentleman, et poussa un profond soupir.

Puis il songea à l'Irlandaise.

En un tour de main, le mendiant eut endossé son habit noir, mis sa cravate blanche, et il se trouva prêt à aller frapper à la porte de Jenny.

On ne lui répondit pas.

Il frappa une seconde fois. Même silence.

Alors il s'aperçut que la clef était en dehors.

Pris d'une vague inquiétude, il tourna cette clef et entra.

La chambre était vide, la fenêtre ouverte, le lit non foulé.

Shoking éperdu s'élança au dehors et descendit précipitamment au parloir.

La maîtresse du boarding, le voyant entrer effaré, lui demanda ce qu'il avait.

— Où est la dame que j'ai amenée? fit Shoking.

— Je ne l'ai pas vue, dit la maîtresse du boarding.

— Elle n'a pas couché ici!

— Je ne sais pas.

Shoking parlait si haut et avec un accent si désespéré que plusieurs locataires du boarding entrèrent dans le parloir.

Une vieille dame, qui logeait au même étage que l'Irlandaise, affirma l'avoir vu sortir la veille au soir sur les huit ou neuf heures.

Il est difficile de peindre le désespoir du pauvre diable.

Il s'élança dans la rue, la parcourut dans toute sa longueur, revint, entra dans les ruelles avoisinantes, demanda à toutes les portes si on n'avait pas vu une jeune femme d'une remarquable beauté, pauvrement vêtue.

Personne ne put le renseigner.

L'Irlandaise était perdue, elle aussi, perdue comme son enfant.

— Misérable! se disait Shoking à lui-même en continuant à arpenter les rues de Londres, misérable! c'est ta funeste passion pour les boissons fermentées qui est cause de ce malheur...

Que dira l'abbé Samuel? Que dira l'homme gris?

Et Shoking, livré au plus violent désespoir, après avoir passé une partie de la journée en recherches infructueuses, eut un moment la pensée de se punir lui-même et de s'aller jeter du pont de Waterloo dans la Tamise.

Mais alors, il se souvint...

Il se souvint que l'homme gris lui avait donné rendez-vous à quatre heures du soir dans la gare du chemin de fer de Charing-Cross.

— Oh! se dit-il, cet homme-là doit tout pouvoir. Il retrouvera l'Irlandaise. Qu'importe que je m'expose à sa colère, puisque je l'ai méritée !

Il était près de quatre heures, Shoking prit bravement le parti d'affronter l'orage.

Il se rendit à Charing-Cross.

L'homme gris s'y trouvait déjà.

Shoking l'aperçut se promenant côte à côte avec l'abbé Samuel.

Celui-ci était donc libre! et libre sans doute grâce au mystérieux pouvoir de l'homme gris.

Shoking alla droit à eux et se mit à genoux. Il avait les yeux pleins de larmes et son geste était suppliant.

— Mais qu'as-tu donc? lui demanda l'homme gris étonné.

— L'Irlandaise... balbutia Schoking.

— Eh bien?

— Perdue aussi... perdue comme l'enfant...

L'homme gris força Shoking à se relever. Pas un muscle de son visage ne tressaillit. Seulement, une légère pâleur se répandit sur son front.

— Mais parle donc! dit-il, tâche d'être calme... Parle, et dis-nous ce qui est arrivé.

Et il l'entraîna dans un coin de la cour extérieure, où personne ne prit garde à eux.

Alors Shoking, en sanglottant, leur fit à tous deux le récit de la disparition de l'Irlandaise.

L'homme gris l'écouta froidement.

Quand il eut fini, il lui dit :

— Et tu n'as pas la moindre idée du lieu où elle peut être?

— Si je le savais, dit Shoking, n'y serais-je point allé déjà?

L'homme gris haussa les épaules :

— Souviens-toi, dit-il. N'as-tu pas toi-même mis lord Palmure sur ses traces?

Shoking tressaillit.

— Quel autre que lui peut avoir intérêt à la faire disparaître? N'était-il pas, hier matin, dès huit heures, à la porte de mistress Fanoche?

— C'est juste.

— Alors, dit l'abbé Samuel, vous croyez?...

— Je ne crois pas, j'ai une conviction absolue.

— Ah!

— Si l'Irlandaise a disparu, c'est qu'elle est aux mains de lord Palmure.

Shoking serra les poings.

— Oh! dit-il, c'est un noble lord et je ne suis qu'un mendiant, mais il faudra bien qu'il me la rende.

Il voulut faire un pas en avant, l'homme gris l'arrêta.

— Où vas-tu? dit-il.

— Chez lord Palmure donc! s'écria Shoking.

— Non, pas aujourd'hui...
— Mais pourquoi?
— Parce que, dit froidement l'homme gris, il faut auparavant retrouver l'enfant.

— Le retrouverons-nous, demanda Shoking, en trouvant la mère?

— Oui, ce soir.
— Ah!
— Et nous avons besoin de toi, acheva l'homme gris.

Puis, prenant l'abbé Samuel par le bras, il lui dit :

— Allons, nous n'avons pas de temps à perdre pour faire tous nos préparatifs.

Et tous trois sortirent de la gare de Charing-Cross.

XXXV

Lord Palmure causait tête à tête avec sa fille vers sept heures du soir.

Miss Ellen était une de ces femmes mûries avant l'âge aux choses positives de la vie.

A seize ans, au lieu de parler chiffons, elle s'occupait de politique.

Digne fille d'un tel père, elle possédait merveilleusement l'histoire contemporaine du Royaume-Uni, connaissait les aspirations de l'Irlande, et, comme lord Palmure, éprouvait une haine instinctive pour ce pays, qui était le berceau de sa famille.

Ceux qui ont trahi leur patrie en deviennent les plus cruels ennemis.

Lord Palmure avait donc trouvé en elle un auxiliaire docile et intelligent pour l'accomplissement de ses projets ténébreux.

Cependant miss Ellen n'obéissait pas en aveugle ; elle raisonnait très-froidement, scrutait les ordres de son père, et lui disait :

— Je ne comprends pas très-bien quel est votre but.

— Il est fort simple : accaparer l'enfant.

— Soit.

— L'enlever pour toujours à ces hommes qui comptent en faire leur chef un jour.

— Je comprends fort bien cela, mais...

— Je vous devine, Ellen, dit lord Palmure ; vous vous dites : à quoi bon prendre cet enfant avec nous, l'élever, le choyer, lui, le fils de ce misérable qui a déshonoré notre nom sur un gibet.

— C'est cela même, mon père.

Un sourire vint aux lèvres de lord Palmure.

— Écoutez-moi bien, dit-il, écoutez-moi attentivement. J'ai la conviction à présent que l'enfant a été volée non par les fenians, non par ceux qui rêvent la liberté de l'Irlande et voient en lui un chef, mais par une misérable femme, nourrisseuse d'enfants illégitimes ou adultérins...

— Comme on en a jugé une dernièrement, fit la jeune fille.

— C'est cela même, Ellen. Or donc, on a volé cet enfant pour le substituer à un autre, mort sans doute, et certes l'occasion serait belle, au lieu d'entraver cette femme dans ses projets, de la protéger, au contraire, par la raison bien simple qu'elle se charge de faire perdre à jamais la trace de mon neveu.

— C'est là précisément ce que j'allais vous dire, mon père.

— Eh bien! écoutez mes projets, Ellen, et je vous dirai ensuite quel est mon but.

Miss Ellen regarda son père et devint attentive.

— Au lieu de laisser l'enfant suivre cette obscure destinée, je m'empare de lui et de sa mère, je les conduis en carrosse dans notre château des environs de Glascow.

— Fort bien, dit miss Ellen.

— J'accable l'enfant de caresses, je dis à la mère : « Ne craignez rien pour l'Irlande, moi et vos frères travaillons dans l'ombre, mais l'heure d'agir n'est point venue. »

— Fort bien.

— Je leur donne une armée de laquais, c'est-à-dire de geôliers. Ces pauvres gens, qui jusqu'à ce jour avaient vécu de pommes de terre, se trouvent devenus grands seigneurs.

On se fait vite à la richesse, Ellen.

— Continuez, mon père, car je ne comprends pas encore.

— Attendez, Ellen, attendez. Le fils grandit au milieu de ce luxe.

— Et sa mère l'élève dans l'amour de l'Irlande... observa miss Ellen avec ironie.

Un sourire mystérieux passa sur les lèvres de lord Palmure.

— La mère peut mourir, dit-il, on passe si facilement de vie à trépas. Un fruit qui n'est pas mûr, un verre d'eau glacée avalé précipitamment... Que sais-je ?

— Après ? dit froidement miss Ellen.

— Supposons que l'enfant soit orphelin à douze ou treize ans, il aura bien vite oublié les sottes rapsodies de sa mère à propos de l'Irlande.

— Bon !

— Nous l'élèverons en bon Anglais qui doit siéger au parlement quelque jour et me succéder...

— Que dites-vous, mon père?

— J'en veux faire votre mari, Ellen.

— Y songez-vous ? fit la jeune fille frémissant d'orgueil et d'indignation. Moi, épouser ce vagabond... ce mendiant...

— Il est de votre sang, Ellen.

— Qu'importe !

— Ensuite je ne vous ai pas tout dit; et c'est maintenant que vous allez me comprendre.

— Parlez, mon père, dit froidement miss Ellen.

Lord Palmure reprit :

— Mon père à moi, vous le savez, votre aïeul, Ellen, abandonna la cause de l'Irlande. L'Angleterre se montra reconnaissante. Elle nous donna de grands biens, la plupart confisqués sur des rebelles.

Mon père devint un des plus riches seigneurs terriens du Royaume-Uni.

Il ne pouvait pas prédire que mon frère Edmund embrasserait un jour la cause de l'Irlande ; et, nous ayant réunis tous les deux, quand nous étions enfants, il nous dit :

« Je suis assez riche pour m'affranchir de la loi du droit d'aînesse. J'ai obtenu du Parlement le droit de vous partager ma fortune par égale part. »

— Ah ! vraiment ? fit miss Ellen qui devint de plus en plus attentive.

— Je suis riche, mon enfant, très-riche ; eh bien ! je ne possède cependant que la moitié de la fortune de mon père.

— Qu'est devenue l'autre moitié ?

— La part de sir Edmund ?

— Oui.

— L'Angleterre l'a confisquée.

— Ah !

— Et c'est parce que, en élevant le fils de sir Edmund dans l'amour de l'Angleterre, j'espère faire rapporter le bill de confiscation et rendre à cet enfant la fortune de son père, que j'ai songé à en faire votre mari, Ellen. Comprenez-vous, maintenant ?

— Oui, mon père.

— Vous indignez-vous encore ?

— Non, mon père ; mais quel âge a-t-il ?

— Dix ans.

— J'en ai seize.

— Il sera plus jeune que vous, qu'importe ! Dans les sphères aristocratiques où nous sommes nés et où nous vivons, dit lord Palmure, le mariage est l'union, non de deux personnes, mais de deux noms et de deux fortunes.

— Soit, mon père, dit miss Ellen, et maintenant vous partez ?

— Oui.

Et le noble lord s'enveloppa dans un grand mac-farlane dont il releva le collet jusqu'à son menton.

— Vous allez chercher l'enfant ?

— Oui.

— Mais où ?

— Je l'ignore, mais la vieille dame me conduira.

Miss Ellen souleva les rideaux d'une croisée et regarda dans la cour.

— La voiture n'est pas attelée, dit-elle.

— Je me garderais bien, dit lord Palmure, de sortir dans mon équipage ; ce serait manquer de prudence, d'autant plus que, sans doute, la vieille dame m'emmènera dans un quartier excentrique.

— C'est probable.

— J'ai donc fait retenir un cab, qui m'attend au coin de la rue.

— Mon père, dit encore miss Ellen, est-ce que vous irez seul courir cette étrange aventure?

— Non, certes. J'ai fait demander à Scotland-Yard deux policemen déguisés.

— A la bonne heure! je serai plus tranquille.

— Adieu, mon enfant, dit lord Palmure. Je ne sais où on me conduira; je ne puis donc vous dire au juste l'heure de mon retour. Mais faites prendre patience à l'Irlandaise.

— Oh! dit miss Ellen, depuis que nous lui avons fait voir un portrait de sir Edmund, replacé à la hâte dans notre galerie de famille, elle a en nous une confiance aveugle.

— Vous m'en répondez?

— Comme de moi-même.

— C'est bien, Ellen. Au revoir.

Et lord Palmure baisa sa fille au front

Cinq minutes après, il sortait à pied de son hôtel, et trouvait à l'extrémité nord de Chester-street un cab qui, rangé contre le mur, paraissait attendre.

Il s'approcha.

— Cabman, dit-il, êtes-vous retenu?

— Par lord Palmure, répondit le cocher.

— C'est moi.

Et lord Palmure monta.

Le cocher avait le visage si bien entortillé dans un large cache-nez, que lord Palmure, eût-il fait jour, n'aurait certes pas reconnu le bon Shoking.

— Dudley-street, lui cria lord Palmure en fermant la portière.

Et le cab partit au grand trot d'un excellent cheval.

Shoking avait été cocher dans sa jeunesse.

XXXVI

Le cab gagna l'avenue Victoria, passa devant l'abbaye de Westminster et s'engagea dans Parliament-street, c'est-à-dire la rue du Parlement.

Lord Palmure alors baissa la glace du cab et tira le cabman par sa redingote.

Shoking se tourna à demi sur son siége.

— Tu t'arrêteras devant Scotlant-Yard, dit lord Palmure.

— Oui, répondit Shoking.

Le cab passa devant l'Amirauté et, quelques minutes après, il s'arrêtait de nouveau.

Deux hommes qui se tenaient auprès de la porte de Scotland-Yard s'avancèrent rapidement.

Lord Palmure mit la tête à la portière.

L'un deux lui dit :

— C'est nous que vous attendez, mylord.

— Alors, montez, dit lord Palmure, qui daigna ouvrir la portière lui-même.

Les deux hommes montèrent et s'assirent sur la banquette de devant, car le cab était à quatre places.

Puis Shoking rendit de nouveau la main à son cheval, et moins d'un quart d'heure après, lord Palmure était à la porte de mistress Fanoche.

Il n'eut pas besoin de sonner deux fois.

La vieille dame était toute prête, l'oreille aux aguets et fort impatiente.

— Enfin, avait-elle murmuré vingt fois depuis une heure, je vais donc vivre tranquille, et sans le secours de personne...

Et elle se voyait déjà dans son cottage de Brighton, avec une bonne grosse servante, une maison bien montée, des armoires pleines de linge et un parloir auprès duquel celui de mistress Fanoche pâlissait.

Elle avait fait coucher les petites filles, s'inquiétant peu, du reste, de ce qui arriverait lorsqu'elle serait partie et de ce qu'elles deviendraient.

Puis elle avait assemblé à la hâte quelques hardes dans un petit sac de voyage, mis son chapeau, endossé son châle écossais et fourré ses doigts crochus dans de bons gants de tricot.

— Ah! mylord, dit-elle en voyant entrer lord Palmure, je craignais que vous ne vinssiez pas... et en même temps je l'espérais...

— Pourquoi?

— C'est que j'ai peur...

— Et pourquoi auriez-vous peur?

— Ah! c'est que vous ne connaissez pas les gens que je vais trahir... Ils sont capables de tout.

— Ma chère dame, dit froidement lord Palmure en entrant dans le parloir où il y avait une lampe et tirant de sa poche un portefeuille, voici un contrat de rente.

La vieille dame eut un battement de cœur.

— Voici cent livres en bank-notes, comme frais de déplacement.

Le battement de cœur redoubla.

— Enfin, acheva lord Palmure, voici un billet de première classe pour le train de Londres à Brighton.

Ce train part à minuit.

La vieille dame allongeait déjà la main pour s'emparer du contrat de rente, du billet et des bank-notes.

Lord Palmure l'arrêta.

— Non, dit-il, pas à présent. Aussitôt que j'aurai l'enfant, tout cela sera votre propriété, et je vous conduirai moi-même au Brighton-railway.

La vieille dame éprouva une certaine déception; elle eut même un accès de défiance.

— Mais, dit-elle, ne me trompez-vous pas, au moins?

— Je me nomme lord Palmure, et mon nom doit vous être une garantie.

— Sans doute. Mais...

— Mais quoi?

— Que voulez-vous faire de l'enfant?

— Le rendre à sa mère.

— A sa mère!

— Oui, à sa mère qui est chez moi, dit froidement lord Palmure, après avoir miraculeusement échappé à la mort.

Il vit pâlir la vieille dame.

— Allons, dit-il en baissant la voix, vous voyez que je sais bien des choses, n'est-ce pas? Ne perdons pas de temps inutile. J'ai deux policemen dans le cab; ils doivent nous accompagner. Ou, dans une heure, j'aurai l'enfant et je vous conduirai au chemin de fer de Brighton; ou vous m'aurez trompé et je vous conduirai à Scotland-Yard.

La vieille dame joignit les mains :

— Milord, dit-elle, je vous jure que je vais vous conduire où est l'enfant.

— Eh bien! partons...

Et il prit la vieille dame par le bras.

Elle éteignit la lampe et ferma la porte.

En montant dans le cab, elle vit en effet deux hommes, mais les voitures de Londres n'ont pas de lanternes; en outre, la rue Dudley était peu éclairée, car il n'y avait pas de magasins; enfin ces deux hommes avaient leurs chapeaux rabattus sur les yeux, et il était difficile de voir leur visage.

La vieille dame s'assit dans le fond du cab, à côté de lord Palmure..

— Où allons-nous? dit celui-ci.

— A Hampsteadt.

— Bon. Quelle rue?

— Heath-Mount.

— Fort bien. Quel numéro?

— Dix-huit.

— Est-ce là qu'est l'enfant?

— C'est là.

Lord Palmure baissa la glace une seconde fois et transmit les ordres au cabman.

— All reigh! répondit Shoking.

Et il rendit la main à son cheval.

Si le hanson qui avait conduit mistress Fanoche et Mary l'Écossaise, portant dans ses bras le petit Ralph endormi, à Hampsteadt, marchait bien, le cab conduit par Shoking filait encore mieux.

Vingt minutes après avoir quitté Dudley-street, il arrivait dans Heath-Mount.

Lord Palmure et la vieille dame n'avaient pas échangé un mot durant le trajet, trouvant inutile, tous les deux, de causer devant les deux agents.

Ceux-ci, de leur côté, n'avaient pas desserré les dents.

Quand le cab s'arrêta, lord Palmure mit la tête à la portière et dit :

— Sommes-nous arrivés?

— Voici Heath-Mount, répondit Shoking, et voilà le numéro 18.

Lord Palmure vit alors une grille, un grand jardin et, tout au fond, une maisonnette dont les fenêtres du rez-de-chaussée étaient éclairées.

— Est-ce bien là? répéta lord Palmure en s'adressant à la vieille dame.

Elle regarda à son tour.

— Oui, fit-elle.

— Alors vous allez me montrer le chemin.

— Mais, mylord, dit-elle avec un accent d'angoisse, vous voulez donc que ces gens-là m'assassinent ?

— Soit, dit lord Palmure, puisque vous avez peur, restez ici. Comme j'ai le contrat et les bank-notes dans ma poche, je suis sûr que vous ne vous en irez pas.

Et il dit aux deux hommes, qui pour lui étaient toujours des agents déguisés :

— Venez, messieurs, et tenez-vous prêts à tout événement.

Lord Palmure descendit le premier et marcha droit à la grille, ce qui fit qu'il ne vit pas que l'un des deux hommes prenait un paquet des mains de Shoking.

Le noble lord allait mettre la main sur le bouton de la sonnette, mais celui à qui Shoking avait donné un objet mystérieux l'arrêta.

— Ne sonnez pas, mylord, dit-il.

— Il faut pourtant bien que nous entrions.

— J'ai prévu le cas.

Et il tira de dessous son manteau un trousseau de clefs.

— A Londres, dit-il, on fait tout sur le même modèle, depuis les maisons jusqu'aux serrures.

— Vous êtes un homme habile, dit lord Palmure.

L'agent de police prétendu essaya tour à tour plusieurs clefs.

L'une enfin entra, tourna dans la serrure et la porte s'ouvrit.

— Entrez, mylord, dit cet homme.

Et il s'effaça pour laisser passer lord Palmure.

Mais, en ce moment, celui-ci sentit qu'on le prenait à la gorge.

En même temps on lui appliqua un masque de poix sur le visage.

Et avant qu'il eût pu crier, se débattre et songer à faire usage du revolver qu'il avait sur lui, il fut renversé, garrotté en un tour de main et jeté en un coin du jardin, derrière un massif d'arbres.

— A présent, dit l'homme gris, car c'était lui, allons chercher l'enfant.

XXXVII

Maintenant revenons un moment sur nos pas, et voyons ce qui s'était passé dans le cottage de mistress Fanoche. Nous avons laissé le petit Ralph au moment où la brutale Écossaise Mary levait le fouet sur lui et le frappait.

La douleur lui arracha un cri; mais ce cri fut unique. L'enfant se roidit ensuite et croisa ses deux bras sur sa poitrine, regardant son bourreau d'un air de défi.

L'Écossaise frappa encore,

Heureusement comme elle levait le fouet pour la troisième fois, la porte s'ouvrit et mistress Fanoche reparut.

Elle jeta un cri à son tour, s'élança sur l'Écossaise et lui arracha le fouet.

Puis, d'un geste impérieux, elle lui ordonna de sortir.

L'Écossaise s'en alla sans mot dire.

Alors mistress Fanoche voulut prendre l'enfant dans ses bras.

— Où est ma mère? demanda celui-ci avec ténacité.

— Ta mère est allée faire un voyage, mon petit homme, lui répondit-elle d'un ton doucereux, et je lui ai promis d'avoir bien soin de toi.

Ralph attacha sur elle un regard profond, le regard d'un homme et non d'un enfant.

— Vous me trompez! dit-il.

— Pourquoi veux-tu que je te trompe, mon mignon? fit mistress Fanoche, qui se mit à l'embrasser. Ta maman est partie, c'est bien vrai, mais elle reviendra...

— Quand?

— Demain.

— Vous me trompez, répéta l'enfant. Je veux m'en aller.

— Hein?

— Je veux sortir d'ici, fit-il avec un accent de volonté.

— Et si tu sors d'ici, où iras-tu? demanda la nourrisseuse d'enfants.

— J'irai rejoindre ma mère.

— Tu sais bien que c'est impossible.

— Pourquoi?

— Parce que ta mère est partie.

L'enfant frappa du pied.

— Je veux sortir! répéta-t-il.

Et il marcha vers la porte.

Mistress Fanoche le prit par le bras :

— Mon mignon, dit-elle, quand un enfant veut être traité avec douceur et n'être point battu, il doit être sage, sinon...

— Battez-moi, mais laissez-moi sortir.

L'obstination de Raph, l'énergie avec laquelle il

se débattait aux mains de mistress Fanoche, exaspéraient celle-ci.

Elle appela de nouveau l'Écossaise.

Mary revint, armée de son terrible fouet.

Cette fois, mistress Fanoche ne souriait plus.

— Couche-moi ce petit vaurien, dit-elle à l'Écossaise.

Elle sortit, et Ralph resta de nouveau au pouvoir de la terrible servante.

Celle-ci le prit par le bras, le poussa rudement devant elle, et comme il essayait de résister, elle le frappa de nouveau.

Puis elle ouvrit une porte au fond du parloir et Ralph vit une petite chambre dans laquelle il y avait un lit.

Cette chambre ressemblait vaguement à celle où il s'était endormi dans les bras de sa mère.

Un moment, l'enfant eut une illusion et se mit à crier :

— Maman ! maman !

Un éclat de rire de l'Écossaise lui répondit seul.

— Maman ! dit-il une fois encore.

Le fouet retomba.

Alors, vaincu par la douleur, l'enfant se prit à pleurer.

L'Écossaise, alors, se mit à le déshabiller tranquillement, et Ralph ne résista plus.

Son énergie l'avait abandonné, depuis qu'il pleurait, tant les larmes sont énervantes.

Il pleura longtemps, le pauvre enfant, interrompant ses sanglots pour appeler sa mère, qui ne lui répondait pas.

Puis, à la prostration morale succéda une prostration physique, et il finit par s'endormir.

Il était grand jour quand il s'éveilla, et le soleil inondait la chambre.

Ralph jeta un regard autour de lui.

Il était seul.

Une fois encore il appela sa mère.

Ce fut mistress Fanoche qui arriva.

Elle était redevenue souriante et voulut embrasser Ralph.

Mais il la repoussa.

— Rendez-moi ma mère, dit-il.

— Puisqu'elle doit revenir bientôt, dit-elle.

— Quand ?

— Demain.

L'enfant eut l'air d'ajouter foi à ces paroles.

A partir de ce moment, il ne cria plus, ne pleura plus, ne fit plus aucune question.

— J'en étais sûre, se dit mistress Fanoche au

bout de quelques instants, il finira par se calmer.

Elle ne se rebuta point et combla l'enfant de caresses ; mais s'il ne la repoussa plus, il accueillit ses observations avec une parfaite indifférence.

Il avait refusé de manger d'abord, mais, vers le soir, la faim triompha de son obstination.

Mistress Fanoche avait eu soin de mêler un peu de jus de pavots à ses aliments, de façon qu'il s'endormit brusquement, son repas terminé, et que l'Écossaise put le déshabiller sans qu'il s'éveillât.

Le lendemain en s'éveillant, Ralph demanda sa mère.

— Demain, lui dit encore mistress Fanoche.

L'enfant n'insista pas.

Seulement, depuis vingt-quatre heures un travail s'était fait dans son esprit.

Il s'était remémoré tous les événements qui l'avaient frappé depuis son arrivée à Londres.

Les petites filles qui lui avaient prédit qu'il serait battu, ne lui avaient dit, hélas! que la vérité.

Il voyait bien toujours mistress Fanoche, mais

il ne voyait plus la vieille dame qui avait un air si méchant.

Enfin, malgré certaines ressemblances, Ralph était bien convaincu que la maison où il était n'était pas celle où il avait été conduit avec sa mère par le mendiant Shoking.

Par conséquent, il se fit ce raisonnement plein de justesse apparente, que s'il voulait rejoindre sa mère, il fallait qu'il s'enfuît de cette maison et retournât dans l'autre.

L'enfant ne se rendait pas bien compte de l'immensité de Londres. Cependant, il se demandait comment il trouverait son chemin.

Ralph ne songea donc plus qu'à fuir.

Quand les enfants se sont tracé une marche et ont un but déterminé, ils sont capables d'autant de patience et de dissimulation qu'un homme.

Il se montra si docile ce jour-là, que mistress Fanoche l'accabla de caresses.

Il ne la repoussa plus, et parut même se montrer convaincu que sa mère ne pouvait tarder à revenir.

Alors mistress Fanoche lui permit de jouer dans le jardin.

Le jardin était fermé par une haute grille, sur

le devant de la rue, par un mur assez élevé, sur le derrière.

Il n'y avait donc aucun danger que l'enfant s'échappât.

Le soir, mistress Fanoche jugea inutile de mêler un soporifique à son repas.

L'enfant mangea peu.

Quand l'Écossaise vint lui annoncer que l'heure du coucher était venue, il ne fit aucune résistance.

Elle le déshabilla comme à l'ordinaire, le mit au lit et emporta la chandelle.

Alors, l'enfant se leva sans bruit et nu-pieds.

Puis il vint coller son oreille à la serrure.

Il entendit mistress Fanoche et l'Irlandaise qui causaient à mi-voix.

Ralph revint vers son lit et se rhabilla dans l'obscurité.

Seulement, il ne mit pas ses souliers.

Puis il se dirigea à tâtons vers la croisée.

Cette croisée, comme toutes les croisées anglaises, était à guillotine.

Il suffisait de tirer une corde, qui se trouvait dans le coin, pour faire monter la partie inférieure du châssis.

L'enfant déploya la patience et la prudence d'un homme fait pour exécuter cette manœuvre sans bruit.

De temps en temps, il s'arrêtait et prêtait l'oreille.

Le bruit des voix de mistress Fanoche et de l'Écossaise arrivait toujours jusqu'à lui.

Le châssis ouvert, Ralph prit ses souliers à la main et monta sur l'entablement de la croisée.

La chambre était au rez-de-chaussée, par conséquent à cinq ou six pieds du sol.

Et Ralph se laissa glisser dans le jardin.

XXXVIII

Tandis que le petit Irlandais sautait dans le jardin, mistress Fanoche, en dépit de son rang, ne dédaignait pas de causer avec Mary, l'humble servante écossaise. C'est que, entre ces deux femmes, la complicité primait la hiérarchie.

Aussi bien que la vieille dame aux bésicles, Mary l'Écossaise avait été dans la confidence des crimes mystérieux commis par mistress Fanoche.

Cette dernière était bien la maîtresse pourtant, et c'était presque à son profit unique que l'établissement prospérait, car là où la vieille dame portait un châle et une robe de popeline, là où Mary avait un fichu, mistress Fanoche empochait des guinées.

Néanmoins, et si sûre qu'elle fût de ces deux femmes, elle croyait devoir les ménager, et pour cela elle avait employé un singulier moyen.

Elle avait encouragé, servi dans l'ombre la haine jalouse que la vieille dame et la servante avaient l'une pour l'autre.

Vingt fois la vieille dame avait dit que Mary était une voleuse, qu'on avait tort de laisser traîner devant elle l'argenterie et le linge.

Par contre, Mary disait souvent :

— Vous auriez tort, madame, de vous confier sans réserve à la femme aux besicles. Elle a l'œil faux et elle ressemble à Judas. Si jamais elle trouvait l'occasion de vous vendre, elle n'y manquerait pas.

Ce soir-là, quand elle eut couché l'enfant, Mary revint au parloir, où mistress Fanoche se brodait sentimentalement des pantoufles à elle-même.

Au lieu de regagner sa cuisine, elle s'assit.

Mistress Fanoche ne se fâcha point.

Seulement, levant la tête et regardant l'Écossaise, elle lui dit :

— Qu'est-ce qu'il y a ?

— Madame, répondit Mary, je voudrais vous faire une question.

— Parle...

— Est-ce que vous avez dit à la vieille guenon que nous venions ici ?

La vieille guenon, c'était, comme on le pense, la dame aux bésicles...

— Certainement, dit mistress Fanoche.

— Vous avez eu tort, madame.

— Pourquoi ?

— Parce qu'elle peut fort bien nous trahir.

Mistress Fanoche haussa les épaules.

— Et pourquoi veux-tu qu'elle nous trahisse ?

— Pour de l'argent.

— Soit. Mais qui lui en donnera ?

— Ceux qui pourront avoir intérêt à retrouver l'enfant.

— Tu es folle, Mary.

— Pourquoi donc, madame ?

— Mais parce qu'il n'y avait qu'une personne qui eût intérêt à le retrouver, sa mère... et que cette mère... tu sais bien...

— Oui, dit Mary avec un sourire féroce, elle a son compte, celle-là...

— Mais ne l'eût-elle pas, comme elle n'a pas d'argent...

— C'est égal, j'ai mon idée, poursuivit l'Écossaise, qui se laissait aller à sa haine.

— Tais-toi ! dit vivement mistress Fanoche.

— Qu'est-ce donc, madame ?

— Il me semble que j'ai entendu du bruit...

— C'est le petit, peut-être...

Et Mary se leva pour aller à la porte de la chambre où elle avait couché Ralph.

— Non, dit mistress Fanoche... c'est par là... dans le jardin.

Elle s'était levée et prêtait l'oreille.

— La grille est bien fermée, dit Mary.

— Je te dis que j'entends marcher... Je te...

Mistress Fanoche n'acheva pas.

Elle était devenue toute pâle d'émotion, car une clef tourna dans la serrure de la porte d'entrée.

Les deux femmes se regardèrent muettes et la sueur au front.

Cependant la robuste et gigantesque Écossaise s'élança en disant :

— Si ce sont des pick-pocketts, ils auront affaire à moi !

Mais, soudain, la porte du parloir s'ouvrit, et deux hommes se montrèrent sur le seuil.

Ces deux hommes n'étaient autres que l'homme gris et son compagnon l'Irlandais, cet homme déguenillé, dont, avec un signe, il avait fait un esclave fidèle.

L'homme gris avait un revolver à la main, et, le braquant sur l'Irlandaise :

— Toi, lui dit-il, je t'engage à te tenir tranquille.

Mistress Fanoche voulut jeter un cri.

— Madame, lui dit froidement l'homme gris, je ne suis pas un voleur ; ainsi, rassurez-vous. Mais j'ai besoin de causer avec vous quelques instants ; et pour cela il faut que vous m'écoutiez.

— Qui êtes-vous ? que me voulez-vous ? dit mistress Fanoche éperdue.

En même temps, elle subissait pareillement cette mystérieuse fascination qu'exerçait le regard de l'homme gris.

L'Écossaise, tenue en respect par le revolver, regardait tour à tour l'homme gris et son compagnon.

Le premier continua :

— Connaissez-vous lord Palmure, madame ?

Mistress Fanoché se sentit un peu rassurée par ce nom, qui était celui d'un membre du Parlement.

— Non, dit-elle.

— Lord Palmure est à la recherche de son neveu.

Mistress Fanoche recula.

— Un petit Irlandais dont vous avez fait disparaître la mère et que vous cachez ici, ajouta l'homme gris.

Mistress Fanoche fit appel à toute son audace :

— Je ne sais pas ce que vous voulez dire, fit-elle.

— Attendez donc, reprit l'homme gris. Vous tenez une pension dans Dudley-street, c'est-à-dire que vous êtes une nourrisseuse d'enfants. Vous avez une associée, une vieille dame qui porte des bésicles.

Mary l'Écossaise, emportée par sa haine, s'écria :

— Ah! la vieille guenon nous a trahies! Je vous le disais bien, madame!

— Cette fille, dit froidement l'homme gris, a dit la vérité pure, madame. La vieille dame a vendu pour une somme considérable, à lord Palmure, le secret de votre retraite et par conséquent de celle de l'enfant.

— Oh! la misérable! dit encore l'Écossaise.

— Mais tais-toi donc! s'écria mistress Fanoche frémissante.

L'homme gris ajouta :

— Heureusement, lord Palmure n'a point payé encore.

Mistress Fanoche jeta un cri.

— Rendez-nous l'enfant, c'est vous qui toucherez l'argent...

La nourrisseuse eut un mouvement de joie qui la trahit, et, malgré elle, ses yeux se dirigèrent vers la porte de la chambre où on avait couché l'enfant.

L'homme gris surprit ce regard :

— Ah! dit-il, cette fois, nous le tenons!

Et il s'élança vers cette porte et l'ouvrit, laissant les deux femmes à la garde de l'Irlandais.

Mais arrivé sur le seuil, il s'arrêta muet, stupéfait, et ses cheveux se hérissèrent.

La chambre était vide.

Il y avait bien un lit, et ce lit était défait, et il gardait encore l'empreinte moulée d'un corps d'enfant.

L'homme gris s'en approcha et mit la main dessus.

Les draps étaient chauds.

Il courut à la croisée ouverte.

Le jardin était silencieux.

En même temps mistress Fanoche et l'Écossaise jetèrent un double cri.

Un cri à la sincérité duquel l'homme gris ne put se tromper.

L'enfant avait pris la fuite, et les deux femmes n'en savaient rien.

L'homme gris sauta par la fenêtre dans le jardin.

Il se mit à courir dans tous les sens, suivi par les deux femmes qui se lamentaient et par l'Irlandais.

Lord Palmure, garrotté et son masque de poix sur le visage, avait été si bien caché derrière un massif, que les deux femmes passèrent près de lui sans le voir.

Shoking, lui-même, entendant tout ce tapage, avait quitté son siége et accourait.

On fit le tour du jardin. On chercha partout. On ne trouva point l'enfant.

Tout à coup l'homme gris s'arrêta devant un arbre qui croissait au long de ce mur élevé qui bornait le jardin au nord.

Une branche cassée lui indiqua que le fugitif

avait grimpé le long de cet arbre, sauté par dessus le mur, et qu'il s'était enfui par là.

— Heureusement, s'écria l'homme gris, qu'il n'y a pas longtemps de cela. Hampsteadt est désert, en cette saison. Nous finirons bien par le retrouver.

Et il s'élança hors du jardin suivi de Shoking et de l'Irlandais.

Tous trois avaient oublié la vieille dame, qui tremblait de tous ses membres dans le cab, et lord Palmure qui étouffait sous son masque de poix.

XXXIX

Miss Ellen avait attendu le retour de lord Palmure, son père, durant toute la nuit.

A minuit, le noble lord n'était pas rentré; néanmoins miss Ellen n'était pas très-inquiète, et elle se disait que sans doute on avait emmené le petit Irlandais loin de Londres.

Sur le derrière de l'hôtel Palmure s'étendait un grand jardin planté de vieux arbres.

L'appartement de miss Ellen, situé au premier étage, donnait sur ce jardin.

Après avoir vainement attendu son père, miss Ellen prit le parti de se mettre au lit.

Mais, auparavant, fidèle à sa promesse, l'altière jeune fille voulut s'assurer que l'Irlandaise était toujours en son pouvoir.

Pour plus de sûreté, on avait donné à la pauvre mère une chambre qui n'avait pas d'autre issue que la chambre de miss Ellen elle-même.

Mais toutes ces précautions étaient au moins inutiles; car Jenny, à qui l'on avait représenté le portrait de sir Edmund, âgé de vingt ans, et qui avait reconnu son époux, savait maintenant qu'elle était dans sa famille, et, loin de se défier de lord Palmure et de sa fille, avait au contraire en eux une confiance aveugle.

Miss Ellen trouva la pauvre mère debout, les yeux secs, mais en proie à une anxiété croissante.

En voyant entrer miss Ellen, elle vint à elle les bras ouverts.

— Eh bien! dit-elle, votre père est-il de retour?

— Pas encore.

— Mon Dieu! s'il n'allait pas trouver mon fils?

Un sourire plein d'assurance vint aux lèvres de miss Ellen.

17.

— Rassurez-vous, dit-elle, mon père tient tout ce qu'il promet. Il est allé chercher votre fils et il le ramènera.

— Mais quand?

— Peut-être cette nuit... peut-être demain matin seulement. Je vous le répète, l'enfant était hors de Londres, à la campagne; il faut le temps matériel de faire le voyage.

— Oh! puissiez-vous dire vrai! murmura l'Irlandaise en joignant les mains.

— Ma chère, reprit miss Ellen, croyez-moi, toutes ces émotions que vous avez éprouvées depuis deux jours vous ont brisée. Vous avez besoin de repos, mettez-vous au lit et attendez avec patience et courage le retour de mon père.

— Je ferai ce que vous voudrez, ma belle demoiselle, répondit l'Irlandaise avec soumission.

— Vous me le promettez?

— Oui.

— Bonsoir donc, ma bonne, et ayez foi en nous.

Miss Ellen baisa l'Irlandaise au front.

Celle-ci se mit à genoux au pied de son lit pour prier avant son coucher.

Miss Ellen sortit.

Elle revint dans sa chambre, songea un moment

à sonner ses femmes pour se faire déshabiller; puis, cédant à on ne sait quel caprice, elle s'approcha d'une fenêtre qu'elle ouvrit.

La nuit était sombre, mais elle n'était pas très-froide.

Quand le brouillard ne pèse pas sur Londres, l'atmosphère est tiède, même en automne.

Miss Ellen se prit à rêver, la tête appuyée dans ses mains et ses coudes sur l'entablement de la croisée.

Tout à coup elle tressaillit.

Une ombre noire s'agitait dans le jardin.

Était-ce un homme ou un animal?

Miss Ellen ne put d'abord s'en rendre compte.

L'ombre s'approcha.

Alors, la fille du pair d'Angleterre vit briller dans l'obscurité deux points lumineux.

On eût dit les yeux de quelque bête fauve au fond du bois.

Chose bizarre! miss Ellen ne se rejeta point en arrière; elle ne referma point la croisée; elle ne courut pas à un cordon de sonnette pour appeler ses gens.

Obéissant à une mystérieuse fascination, elle regardait ces deux yeux qui s'avançaient toujours et vinrent s'arrêter au pied d'un arbre qui montait devant la croisée.

Alors la forme noire se dressa, et miss Ellen vit qu'elle avait affaire à un homme.

Cet homme se mit à grimper le long du tronc de l'arbre.

Miss Ellen voulut jeter un cri, mais sa gorge était aride.

Elle voulut fuir et refermer la croisée.

Mais une force inconnue la cloua au sol.

L'homme montait toujours.

Avec la légèreté d'un clown, il arriva sur une branche qui était presque de plain pied avec l'entablement de la croisée.

Peut-être que s'il eût un moment détourné la tête, que s'il eût cessé, l'espace d'une seconde seulement, de braquer ces deux yeux brillants sur la jeune fille, le charme se fût trouvé rompu et qu'elle eût eu la force d'appeler à son aide.

Mais ces yeux dominateurs demeurèrent fixés sur elle, et la fille de lord Palmure, pétrifiée, vit cet homme faire un bond prodigieux et sauter de l'arbre sur la croisée.

Il avait un poignard à la main et dit froidement :

— Si vous appelez, vous êtes morte !

Alors miss Ellen recula.

Mais elle recula lentement, les yeux fixés sur cet homme qui osait lui faire une menace de mort.

Quel était-il?

Jamais elle ne l'avait vu.

Sa mise était celle d'un gentleman.

Son visage pâle avait la distinction parfaite d'un homme de qualité.

Son regard fascinait de près, comme il fascinait à distance.

Cependant miss Ellen fit un effort suprême et rompit à moitié le charme qui l'enveloppait.

— Qui êtes-vous? dit-elle. Que me voulez-vous? Pourquoi êtes-vous venu ici?

— Miss Ellen, dit froidement cet homme, je vous demande mille pardons d'avoir pris un chemin aussi singulier pour entrer chez vous; mais je n'avais pas le choix. Je ne voulais pas qu'on me vît.

Il avait une voix douce et grave, pleine d'une mystérieuse harmonie.

Miss Ellen se sentit dominée par le son de cette voix, bien plus que par l'épouvante que lui inspirait la vue du poignard.

— Que me voulez-vous? répéta-t-elle.

Elle se raidissait sur ses jambes pour ne point

tomber; et ses mains tremblantes furent obligées de chercher l'appui d'un meuble.

— Je viens vous parler au nom de votre père, dit cet homme.

— De mon père?

— Oui.

Et comme elle le regardait avec une stupeur croissante, il tira de son doigt une bague qu'il mit sous les yeux de la jeune fille, en lui disant :

— Connaissez-vous cela?

Miss Ellen tressaillit et étouffa un cri.

Cette bague était la chevalière armoriée que portait ordinairement lord Palmure.

— Mon père vous a donné sa bague? exclama-t-elle.

— Oui et non, dit-il en souriant. C'est-à-dire que cette bague est une preuve que votre père est en mon pouvoir, et que sa vie répond de la mienne.

Miss Ellen étouffa un nouveau cri.

Et reculant d'un pas encore :

— Mais qui donc êtes-vous? reprit-elle.

— Mon nom, ne vous apprendra pas grand chose, dit-il. On m'appelle : L'HOMME GRIS.

XL

L'homme gris, car, en effet, c'était lui, s'approcha plus encore de la jeune fille :

— Miss Ellen, dit-il, vous avez ici une femme qu'on appelle Jenny l'Irlandaise.

— Que vous importe ?

Et la fille de lord Palmure retrouva son humeur hautaine en présence de cet étranger qui se permettait de la questionner.

L'homme gris demeura calme, et sa voix ne perdit rien de son accent de douceur.

— Vous me demandez que m'importe? dit-il, et vous avez le droit de me faire cette question. Aussi vais-je vous répondre.

Lord Palmure, votre père, s'est trouvé, il y a deux jours, sur un *Penny-Boat;* il a vu cette femme, il a cru, dans les traits de l'enfant qu'elle avait avec elle, reconnaître un homme. L'enfant lui a rappelé sir Edmund Palmure, son frère...

Miss Ellen étouffa un cri.

Mais l'œil fascinateur de l'homme gris se posa sur elle, et soudain elle se tut.

Il continua :

— Il importait à lord Palmure d'avoir cette femme; aussi l'a-t-il enlevée et conduite ici. Il lui importait plus encore d'avoir l'enfant. C'est pour cela qu'il a donné de l'or, beaucoup d'or, et que lui, le noble pair, il n'a pas craint de se jeter dans une aventure d'homme de rien.

— Après? dit froidement miss Ellen.

— Il m'importe pareillement, à moi, poursuivit l'homme gris, d'avoir cette femme; et je vais vous dire ce que j'ai fait pour cela. Je suis entré chez vous de nuit, en escaladant un mur, en entrant par une fenêtre. Qu'un policeman m'arrête, qu'un magistrat de police me renvoie devant le jury, et le jury me condamne à aller finir mes jours à Botany-bay.

— Ah! dit miss Ellen, qui regardait maintenant cet homme avec plus d'étonnement que d'épouvante.

Car, entre l'homme gris que nous avons vu au Black-House, vêtu de ce pauvre habit gris d'où il tenait son surnom, et celui que miss Ellen avait devant elle, il y avait tout un monde de distance.

Irréprochablement vêtu, rasé avec soin, s'exprimant avec une aisance parfaite, cet homme, on l'eût juré, paraissait être entré par la porte, avoir été préalablement présenté, et il n'eût pas fallu de grands efforts à celui qui serait entré inopinément chez miss Ellen pour supposer qu'il était son fiancé.

— Eh bien ! reprit-il, ce n'est pas tout encore, j'ai fait plus que cela, miss Ellen : moi et mes complices, nous avons mis la main sur un pair d'Angleterre, nous l'avons terrassé, garrotté, après lui avoir posé sur le visage un masque de poix.

Et comme miss Ellen allait jeter un nouveau cri :

— Prenez garde, dit-il, car c'est de votre père qu'il s'agit, et si je ne sortais pas d'ici libre et sain et sauf, vous ne le reverriez jamais.

La jeune fille frissonna.

— La vie de lord Palmure, poursuivit l'homme gris, répond de la mienne. Par conséquent, ne sonnez pas, n'appelez pas. Toute imprudence de votre part pourrait coûter la vie à votre père.

Miss Ellen regardait cet homme avec une épouvante mêlée, à son insu peut-être, d'une secrète admiration.

Il continua.

—L'Irlandaise est ici, et je veux la voir.

Sa voix, sans rien perdre de son calme, avait maintenant quelque chose d'impérieux qui fit pâlir miss Ellen de colère.

Sa nature altière se révolta même un moment.

— On n'a jamais dit : *je veux* devant moi, fit-elle.

— Aussi vous en fais-je mes plus humbles excuses, miss Ellen. Mais nécessité n'a pas de loi. Or, je vous le dis, le temps presse. La vie de votre père est en danger, et votre résistance pourrait...

Elle l'interrompit d'un geste.

— Et qui donc m'assure, fit-elle, que ce que vous me dites est la vérité ?

— Cette bague que je vous présente.

En effet, si la bague de lord Palmure était aux mains de cet homme, c'est que lord Palmure lui-même était en son pouvoir.

Elle se mordit les lèvres et ne répondit rien.

L'homme gris reprit, sans rien perdre de son ton courtois :

— Veuillez, je vous prie, me conduire à la chambre de l'Irlandaise.

Son regard pesait toujours sur la jeune fille,

et ce regard avait une puissance magnétique à laquelle elle essayait vainement de se soustraire.

Dominée par ce regard, plus encore que par la pensée que la vie de son père était en danger, miss Ellen alla vers la porte qui donnait dans la chambre où était Jenny.

L'homme gris posa sa main sur le bras de la jeune fille, au moment où elle allait ouvrir cette porte.

— Miss Ellen, dit-il, un mot encore.

— Parlez...

— Je vous ai dit, je vous répète que la vie de votre père répond de la mienne ; donc n'allez pas faire la folie d'appeler vos gens : si j'étais arrêté, avant le point du jour lord Palmure ne serait plus qu'un cadavre.

Elle lui jeta un regard de haine :

— Oh! dit-elle, vous serez châtié quelque jour!

— C'est possible, répondit-il, mais ce soir je suis le plus fort et j'use de ma supériorité.

Et il mit lui-même la main sur le bouton de la porte.

Alors, en proie à une colère concentrée, miss Ellen, l'orgueilleuse fille du pair d'Angleterre, se laissa tomber dans un fauteuil, et mit la main sur ses yeux, comme si elle eût voulu éviter ce regard qui paralysait sa volonté.

L'homme gris ouvrit la porte sans bruit et entra dans la chambre de l'Irlandaise.

. . . .

Jenny priait encore.

La scène entre miss Ellen et l'homme gris avait eu lieu à demi-voix et elle n'avait rien entendu.

Elle n'entendit pas davantage la porte s'ouvrir et se refermer.

Agenouillée au pied de son lit, sa tête dans ses mains, elle demandait à Dieu de lui rendre son enfant.

L'homme gris, dont un épais tapis assourdissait les pas, marcha jusqu'à elle et posa sa main sur son épaule.

L'Irlandaise se retourna vivement.

L'homme gris posait un doigt sur ses lèvres.

— Au nom de votre enfant, dit-il tout bas, pas un cri!

Le cri qui allait s'échapper de la poitrine de Jenny expira dans la gorge.

Elle se leva éperdue, l'œil fiévreux, regardant cet homme à qui, une fois déjà, elle avait dû son salut et semblant se demander comment il était parvenu jusqu'à elle.

— Que me voulez-vous? dit-elle enfin.

— Je viens, dit gravement l'homme gris, vous parler au nom de votre mari mort...

Elle tressaillit.

— De votre enfant vivant... Ne criez pas...

— Mon fils, dit-elle d'une voix sourde, on va me le rendre.

— Je viens enfin au nom de l'Irlande que vous trahissez sans le savoir.

— Que dites-vous? qu'osez-vous dire? fit-elle.

— Je viens enfin au nom de ce prêtre qui devait dire la messe à Saint-Gilles, hier matin, et à qui vous deviez présenter votre fils.

Elle le regardait avec une sorte d'épouvante.

— Femme de sir Edmund, dit gravement l'homme gris, savez-vous où vous êtes?

— Chez le frère de mon époux mort, répondit-elle, chez le protecteur de mon fils.

— Femme de sir Edmund, répondit gravement l'homme gris, vous êtes chez le bourreau de votre époux, chez le persécuteur de votre fils, chez l'homme qui a ruiné l'Irlande et laissé dresser l'échafaud de ses libérateurs.

Cette fois Jenny jeta un cri.

— Oh! dit-elle, vous mentez.

Il mit la main sur son cœur :

— Au nom de votre enfant que moi seul vous rendrai, dit-il, je vous jure que j'ai dit la vérité.

— Mon enfant, dit-elle, je le verrai dans quelques heures, lord Palmure va me le ramener.

— Lord Palmure ne rentrera ici, dit froidement l'homme gris, que lorsque vous en serez partie, vous.

— Vous voulez que je parte d'ici! s'écria l'Irlandaise.

— Au nom de votre époux mort, de votre fils vivant, au nom du prêtre qui vous attend, au nom de l'Irlande qui a compté sur vous, répéta lentement l'homme gris, Jenny, je vous somme de me suivre!

XLI

L'Irlandaise regardait l'homme gris avec une stupeur défiante.

— Vous ne me croyez pas? dit-il enfin.

Elle ne répondit point.

— Vous ne me croyez pas, de même que vous n'avez pas cru le prêtre. Vous avez préféré croire cet homme qui, en effet, était le frère sir Edmund, mais qui l'a livré à ses bourreaux.

Cette fois l'Irlandaise retrouva la parole :

— Hé ! qui m'assure, dit-elle, que ce que vous me dites là est la vérité ?

— C'est juste, dit-il avec douceur, une première fois je vous ai promis de vous rendre votre fils, et je n'ai pu tenir ma parole. Vous avez le droit de ne pas me croire.

— Rendez-moi mon fils, dit-elle, et je vous croirai.

— Mais pour que je vous le rende, il faut que vous sortiez d'ici.

— Pourquoi ?

— Écoutez-moi bien, continua-t-il avec douceur : votre fils, enlevé par une femme qui vend des enfants, votre fils, errant et perdu dans les rues de Londres, est moins séparé de vous que s'il était là, dans cette chambre, sous ce toit maudit.

Que vous a dit l'homme qui vous a amenée ici ?

Il vous a dit : Je suis le frère de l'époux que vous pleurez. Venez, ma maison sera votre maison, votre fils sera mon fils.

— Il m'a dit cela, en effet, dit Jenny l'Irlandaise.

— Cet homme, poursuivit l'homme gris, tiendra en partie sa promesse. Vous, la fille du peuple, vous vivrez comme une lady. Votre fils retrouvé sera élevé comme un fils de lord.

— Vous voyez bien! dit la pauvre mère.

— Attendez donc, reprit l'homme gris. Mais vous pouvez mourir, vous...

— Que m'importe? si mon fils est heureux...

— Certainement, il le sera. Je vous le répète, on l'élèvera comme un fils de lord, dans l'amour de l'Angleterre, dans la haine de l'Irlande, dans le mépris des martyrs !

Jenny tressaillit et attacha un regard éperdu sur l'homme gris.

— Que dites-vous donc là? s'écria-t-elle.

— Votre époux n'est-il pas mort pour l'Irlande, en maudissant l'Angleterre?

— C'est vrai, dit-elle. Mais lord Palmure...

— Lord Palmure est pair d'Angleterre, Jenny, et il avait le pouvoir d'arracher sir Edmund au gibet.

Elle jeta un cri, et, le regardant de nouveau :

— Est-ce bien vrai ce que vous me dites-là? fit-elle. Ne me trompez-vous pas encore?

— Regardez-moi bien...

Et il laissa, à son tour, peser sur elle cet œil profond et magnétique qui subjuguait.

— Oui, dit-elle enfin, oui, je vous crois.

— Attendez encore, reprit-il. Avant de sortir d'ici, Jenny, il faut que vous choisissiez vous-même la destinée de votre enfant.

Et comme elle ne paraissait pas comprendre ces paroles :

— Si vous restez ici, votre fils sera lord un jour, dit-il; il sera riche, il sera heureux, mais du fond de sa tombe de supplicié, son père, sir Edmund, le reniera.

— Oh! ne parlez pas ainsi! dit-elle avec un accent d'effroi.

— Si vous me suivez, votre fils sera pauvre. Il souffrira, il luttera, mais il sera le chef d'une armée mystérieuse qui se recrute et s'agite dans l'ombre, soldats, martyrs aujourd'hui, demain vainqueurs, qui chasseront le dernier Anglais du dernier coin de l'Irlande.

Souvenez-vous des paroles de sir Edmund et choisissez !

Cette fois l'Irlandaise n'hésita plus.

Elle se leva et dit :

— Partons !

— Une minute encore, dit l'homme gris. Votre fils n'est pas retrouvé...

Elle joignit les mains.

— Mais, acheva-t-il, ayez confiance... Maintenant, c'est l'Irlande tout entière qui cherche son chef, et elle le retrouvera !

Jenny eut foi dans l'accent grave et doux de cet homme.

— Je vous crois, dit-elle : mais lord Palmure me trompait donc quand il m'assurait qu'il le ramènerait?

— Non, mais, comme nous, il a été déçu dans son attente. Écoutez-moi bien. Les femmes qui vous ont endormie avaient emmené votre fils à Hampsteadt, un village aux portes de Londres.

Lord Palmure avait découvert cette retraite, et, il y a quelques heures, il s'est mis en route.

Deux hommes l'accompagnaient, et j'étais l'un de ces deux hommes.

— Vous?

— Moi.

— Eh bien ! fit-elle avec anxiété.

— Quand nous sommes arrivés, l'enfant avait pris la fuite.

Il avait échappé à ses geôliers, il s'était mis sans doute en chemin pour vous rejoindre.

— O mon Dieu !

— Jenny, continua l'homme gris, votre fils, errant dans les rues de Londres, sera rencontré par un policeman, qui le conduira au bureau de police où nous le réclamerons.

— Dites-vous vrai ?

— Vagabond perdu dans la ville immense, il est moins en danger que sous les lambris de ce palais. Ayez foi en nous, car nous sommes beaucoup, et tous nous le chercherons.

— Oui, dit-elle, oui, je vous crois. Oui, mes yeux s'ouvrent à la lumière et mon fils errant dans les rues de Londres ne saurait être perdu pour moi.

— Alors, vous consentez à me suivre?
— Oui.

— A la porte de ce palais vous trouverez le prêtre que vous avez déjà vu... et qui m'a aidé à vous sauver.

— L'abbé Samuel?
— Je l'ai fait sortir de prison, comme je vous l'avais promis.

L'Irlandaise se sentit entraînée vers l'homme gris par un élan irrésistible.

— Oh! dit-elle, qui que vous soyez, j'ai foi en vous.

Alors il ouvrit la porte de la chambre et Jenny, tressaillant, aperçut miss Ellen assise dans le fauteuil où elle s'était laissée tomber suffoquée par la colère.

L'homme gris marcha droit à elle.

— Miss Ellen, dit-il, vous avez tenu une partie de votre promesse, mais ce n'est pas tout, et la vie de votre père est toujours en danger.

La jeune fille le regarda avec une expression de haine soumise :

— Que voulez-vous de moi? fit-elle.

— Que vous nous conduisiez loin d'ici.

— Ah!

L'homme gris ajouta :

— Il est tard, vos gens sont couchés. Prenez ce flambeau et conduisez-nous jusqu'à la porte de l'orangerie qui donne sur le jardin. Au fond du jardin, il y a une autre porte dont vous devez avoir la clef.

Cette porte ouvre sur une ruelle. C'est par là que nous sortirons.

Miss Ellen regarda l'Irlandaise.

— Ainsi, dit-elle, vous allez suivre cet homme ?

Jenny baissa les yeux :

— C'est l'Irlande qui le veut ! dit-elle.

Un tremblement nerveux parcourait tout le corps de miss Ellen.

Mais le regard fascinateur de l'homme gris pesa sur elle, et elle fut contrainte d'obéir.

Elle prit donc le flambeau, ouvrit la porte de sa chambre et dit :

— Suivez-moi !

Et l'Irlandaise avait pris le bras de son libérateur.

Miss Ellen leur fit suivre un corridor, descendre un escalier, traverser plusieurs salles du rez-de-chaussée.

L'hôtel était silencieux et ils ne rencontrèrent personne.

Quand ils furent dans l'orangerie, elle prit une clef qui était pendue au mur :

— Voilà, dit-elle, la clef de la petite porte.

— Au revoir, miss Ellen ! dit l'homme gris.

En ce moment, l'altière jeune fille secoua le charme étrange qu'elle subissait depuis une heure.

— Oui, dit-elle, au revoir ! car nous nous reverrons !...

— Oui, nous nous reverrons! murmura-t-elle, tandis que l'homme gris traversait le jardin, emmenant l'Irlandaise. Nous nous reverrons!... et ce sera entre nous un duel à mort.

FIN DU PROLOGUE